# 壊された少年

## 排除と屈辱のジェンダー史

風媒社

# まえがき

この世に生を享《う》けるとき、
この顔と身体を与えられた。
この性格と嗜好が備わっていた。

それらが偶然にいわゆる「女性的」であったなら。性別に沿って「こうあるべき」「こうであるはず」という枠組みからの逸脱が、わたしをトラブルに陥れた。ジェンダー・トラブル。原因は「女っぽい」という一語に集約される。集約は拡散を招く。「だから、気持ち悪い。カス。死ね！」と罵詈雑言《ばりぞうごん》を浴び、暴力に晒《さら》される。さらに根拠のないセクシュアリティの断定と侮辱に至る。

ジェンダーという問題に関心を持つ人に、その研究の一端を紹介する。いじめや排除によって、楽しいはずの「学校」や「ともだち」を奪われてしまった人と思いを共有する。本書を通してそれらが叶えられたらと思う。

排除と屈辱の追想が呼び覚ます痛みは、読者の頁を捲《めく》る手を重くするかもしれない。でも最後には、趣味や親しい人とのひとときに笑顔を取り戻す筆者の姿を思い浮かべ、わたしのストーリーに耳を傾けて頂くことを切に願う。

周年誌などの資料に実在の学校が登場するため、学校名は実名とした。一人の少年の記憶をあるがままに語るナラティブであり、過去の教師や学校に対する非難・批判をするものでは決してない。それはあくまで未来の課題の明確化を目指すためであることを、最後に付言する。

壊された少年　排除と屈辱のジェンダー史

# 目次

編集部註

一、本書は、小中学生時代にジェンダー・トラブルによる排除と屈辱にまみれ、以降数十年にわたってその後遺症に苦しんだ著者の自伝的エッセイである。時代や社会の変化と絡めながら赤裸々に語られた個人的な体験を出版することは、ジェンダーへの偏見を少しでも取り除き、真の多様性を受容できる社会の構築へ向けて、たとえわずかであってもその一助になると考える。

一、本文中の児童・生徒・教師は基本的に仮名とし、それぞれの初出時に（仮名）と付した。また、敬称は「あとがき」以外は略させていただいた。

一、本文および引用文中には、現代の人権意識・差別概念からみて不適切と思われる語句や表現が見られるものもあるが、著者の少年時代の日常用語、あるいは引用文献刊行時の学術用語・歴史用語として、そのままにした。

# 序章　Boy Broken

ジェンダー・トラブル――性別によって要求される「らしさ」からの逸脱――による排除と屈辱に苦しみ、そしていま、発達障害ＡＳＤ（Autism Spectrum Disorder「自閉スペクトラム症」）の診断を受けた筆者の過去と現在、そして未来をここに語る。

自らの屈辱を語ることを避けるのは、可能である。過去の屈辱と抱え続ける後遺症を晒《さら》すより、忘却と克服、そして今の幸福を演ずることの方が望ましい選択であるのかもしれない。だが敢えて語るには、思いがある。踏みにじられた尊厳の回復、そして同じような経験をするこどもがいなくなることへの願い。その向こうに、真の多様性が受容される、より豊かな社会の実現を期待するからである。

あの「とき」を忘れることはない。切り裂かれた傷は癒《い》えることを知らず、いくどもいくども記憶を鮮やかに甦《よみがえ》らせる。鏡に映るその髪には、白い波が日々押し寄せている。その背後から、木造校舎の匂いを連れた少年が駆け寄って来る。少年――それは女の子のような少年。目を潤ませ、押し潰されたような声を振りしぼり、何かを語ろうとしている。
小学生、中学生であった自分を写す一枚の写真も残っていない。すべては自分の手で、庭にあったゴミを燃やす四角い缶に投げ込んだ。小学三年生のときの遠足の写真は、自分を傷つけた連中の顔に鉛筆で穴を開けていた。穴だらけ、だった。

「つまらないけど　たのしい」
そう　書いた
四年生の林間学校富士学園
家に葉書を書くよう　言われた

二泊三日　自由時間は地獄と化した
ひたすらに　長かった
ひたすらに　ひとりぼっちだった
だれも仲間に入れてくれない

こどもながら　プライドがあった

水飲み場で　リュックの中を洗っていた
うん　ぼくにはやらなきゃいけないことがあるから
リュックの中に　お菓子がこぼれて溶けたから
だから　遊べないと

グラウンドに響く声が耳を過《よぎ》る
沈んでいく陽の眩しさがこどもたちを包む
ぼくのこころは　わんわん泣いていた

つまらなかった　途方もなく
さびしかった　真っ暗に

「つまらないけど、たのしい」、帰宅後、このはがきの文は矛盾していると姉が笑った。矛盾？　よくわからなかった。でも、こどもの親への気遣いだったのだ。

あのグラウンドに見えた光景は、精神科医中井久夫が呼ぶ、「孤立」の絵図である。[*1]彼はいじめの被害者に寄り添い、自らの経験も踏まえながら、緻密な段階的分析を呈示している。

『紫の履歴書』にも「一人ぼっち」がいた。[*2]

社会学から共生を見つめる塩原良和は言う。[*3]「他のメンバーから参加を承認されていなかったり、劣った存在としてのみ参加を容認されている場所で、自分の人間としての尊厳が十分に配慮されるとは考えにくい。……」と。

そう、鏡の中に追いかけてきた少年は、人間としての尊厳を奪われていたのだ。「気色悪い」「死ね」と罵詈雑言《ばりぞうごん》を浴び、「カス」として扱われたいくつもの「あのとき」。とりわけ深い傷を残したのは、1963年の小学校入学時から1972年に中学を卒業するまでのこども時代だ。

その子は〝生徒集団〟という空間に居場所を見出せなかった。「劣った存在」とされ、時の流れを孤独に見つめた少年の「あの時」「あの場所」の再現を試みよう。わたしの前に記憶の場面が一つ一つ現れ始める。

時代は高度経済成長と重なった。1957年に生を享《う》けたわたしの小学生から中学生という時代は、この国が高度経済成長の道をまっしぐらに進んだ時である。貧困と飢餓の戦後から、貧しさと豊かさが混在する様相を呈していく。

新宿駅西口にはデパートが聳《そび》え立ち、その前には白い病衣の傷痍《しょうい》軍人が並んでいた。手足のないその姿に、つないだ父の手をギュッと掴んだ。

家の近くでは、善福寺川がその支流にぶくぶくとヘドロを吐いていた。どす黒い緑の泡が、生《なま》ものの腐敗臭をきつく放つ。五日市街道をボンネットバスが走り、女性の車掌さんが足を踏ん張って、切符にはさみを入れていた。車掌さんの姿が消えると、「ワンマン」バスが登場し、ワンマンということばが流行った。豊かさが誘惑を纏《まと》い、周囲に出現し始める。それは幸福感をもたらす一方で競争意識を煽《あお》っていった。

1960年を過ぎたころ、わたしは人生で唯一の穏やかな時の中にあった。親戚や近所の大人たちに囲まれ、随分と可愛がられた。その手はいつも大人の温もりの中にあった。どこでもかわいがられ、家ではテレビ番組『ブーフーウー』を楽しみに待っていた。[*4] 三匹のぬいぐるみは、最後の灯《ともしび》のように記憶の彼方に揺らいでいる。

1965年、冷蔵庫の普及率は50%に至る。我が家に冷蔵庫が来たのはいつであろう。幼稚園のころには、その記憶がない。カラーテレビ、クーラー、カーが3Cと言われた66年ころ、わたしの家にはどれもなかった。小さなテレビに色が着いたのは小学校の高学年であったか。66年から70年までの間の年平均11・6%の実質経済成長率は、〝経済大国ニッポン〟の名をもたらしていた。

小学校低学年のころ、マーブルチョコがきれいな七色を並べていた。「現代っ子」などという新語も登場した。教育評論家の阿部進は、現代っ子に「資本主義社会のなかで過酷な生存競争に勝ちぬきつつ社会の建設要員でもあるという二重の仕事を両立しうる人間」を見ていた。[*5] 学校の生徒間の競争、そしてクラス内の役割や連帯といったものが重なる。現代っ子のまわりには、『自由自在』、学習事典、サラリーマン家庭、ピアノといった言葉が並ぶ。中学受験はわたしの小学校では麻布、教育大付属（現筑波大付属）などごく僅かであった。まだまだ成績上位者もそのまま公立中学へと進む時代であった。

　このような時代にあの少年の上に大きな影を落としたのは、ジェンダーである。ジェンダーをアメリカの歴史家ジョーン・W・スコットは「肉体的な差異に意味を付与する知」と定義した。[6] わたしは「男女の色分けによって、序列、抑圧、排除を生む装置」と考えている。平易なことばを借りれば、この子は「男」あるいは「女」という括りに入っているから、「こうであるはず」「こうであるべき」という思い込み、押し付けこそがジェンダーである。そして人がいかに「女」「男」という性差のカテゴリーに括られていったのかを歴史的に解き明かすのが、ジェンダー史研究である。

　一人の少年にもジェンダー史は反映される。さらに、その逸脱に投げつけられることものことばにさえ、社会、制度、国家との繋がりが垣間見える。ここにジェンダーによって苦しめられ続けてきた（いる）、わたしの語りがある。遠くはない生の終焉を前に、跡形もなくなろうとしている自分史を描こうとする、いま。

　「否定」の中で、育ち、生きてきた人間の声はかき消されたままである。ロバート・キャンベルが朝日新聞のオピニオン＆フォーラムに意見を載せたのは、２０１８年8月31日のことである。杉田水脈《みお》自由民主党衆院議員の「ＬＧＢＴは生産性がない」という趣旨の発言[7]に対する反論として自らの性的指向をブログに綴った彼は、誰もが「ここにいるよ」と言える社会を提言した。

男女平等やジェンダーへの疑問は共有され、さらにLGBTに限らず排除、差別、抑圧による苦しみも解決済みとする。そうした風潮の中で、キャンベルのオピニオンはそこに在るまやかしを見破る。そしてその存在、その尊厳が保護されることのないひとたちを置き去りにはしない。

鏡の中の少年が「ここにいるよ」と声を発する。その子の生涯を、わたしは一人称で語る。その語りの多くは、個人的な記憶に依存する物語であるかもしれない。原武史は証言を織り交ぜて、「あのとき」の原少年の違和感を『滝山コミューン』に描き切った。[*8] 西川祐子は『古都の占領』に、精確に再現した歴史動態地図を描いて見せた。[*9] その数多《あまた》の聞き取りに支えられた実証は、迫力を放つ。一方で、人脈というものを持たないわたしは、僅かではあるができるかぎりの聞き取りを史料と併せる。そしてそこから、時代の背景を読むことを試みる。

ブレア・イマニが編んだ *MODERN HERSTORY* は、その声をかき消されてきた弱い立場に置かれた60名以上の女性たちの知と行動力、そして勇気を綴った。[*10] 黒人女性、障害を持った女性がひるまず、立ち向かっている。その姿に眩しいばかりの若さと強さを目撃した。

水木しげる『白い旗』の兵士のように、「でも」と声を出そう。[*11] 効率性と論理性に塗り捲《まく》られたコミュニケーションの達人の自信に溢れた声を前に、朴訥に語る勇気を振り絞ろう。もうこれ以上、自己責任を問われたくはない。自らを咎《とが》め続けたくはない。

浴びせられ続けた言葉は、離れることも翳《かす》むこともない。あのテレビドラマの少年のように、心に燃え続ける恨みの炎は年齢とともにその熱をきつく放つ。[*12] なぜあのようなことが生じたのか、それはやむ得ないことであったのか。わたしは人生の終盤に、自らの過去を晒し、声を上げる。それが誰かの苦悩を軽減することになることを祈りつつ。正確に歴史を読み解き、現代の矛盾を鋭利に暴くライターの堀越英美が試みたように、ときには歴史的な不正義に立ち向かい、歴史の中の「黒幕」の正体を暴きながら。[*13]

各章の〈鮮やかな場面〉に、少年はその記憶を呼び覚ます。そして、そこから時代を、社会を、ジェンダーを読み解いていきたい。そこには現在に語り掛けるものがあるにちがいない。「現在と過去との間の尽きることを知らぬ対話」と歴史を定義したのは、歴史家E・H・カーであった。[*14]

第1章「学校と少年」では、1節で「教室の光景」を描き、2節は学習指導要領に着眼し、3節では覇権的少年性（優れた少年のモデル）に言及する。第2章は「スポーツと少年」の関わりを読み解き、1節で野球に着目し、2節においてはスポーツとジェンダーを考察する。第3章は「ブラウン管と少年」と題し、少年雑誌も視野に入れながら、テレビというメディアが筆者に残した痕跡を分析する。第4章「世相と少年」は1、2節に当時の地域に在った集落、犯罪を回想する。3節では、こつ然と現れた集合住宅の物語に迫る。4節では「かぎっ子」にジェンダー規範を考察し、5節は筆者の両親の過去を辿る。そして終章では、排除と屈辱、そしてそれらが残した爪痕を綴る。最後に、「願い」で結ぶ。

*BOY ERASED*『ある少年の告白』、こんなタイトルの映画を観た。[*15]「逸脱」とされる性的指向を有した

少年は、その真の自己を消された。
鏡の中に駆け寄ってきた少年は、ジェンダー規範に「壊されて」いた。

〈註〉

＊1 中井久夫『いじめのある世界に生きる君たちへ いじめられっ子だった精神科医の贈る言葉』中央公論新社 2016年。中井久夫集6『いじめの政治学』みすず書房 2018年

＊2 美輪明宏『紫の履歴書』水書坊 1992年

＊3 塩原良和『分断と対話の社会学』慶應義塾大学出版会 2017年 93頁

＊4 1960年9月から67年3月までNHK総合テレビで放映された『おかあさんといっしょ』内の着ぐるみ人形劇。『おかあさんといっしょ ブーフーウー』。劇作家飯沢匡原作・脚本。ウーの声は黒柳徹子が担当した。

＊5 阿部進『新版現代子ども気質』三一書房 1962年 240頁

＊6 スコット、ジョーン・W／荻野美穂訳『ジェンダーと歴史学』平凡社 1992年

＊7『新潮45』2018年8月号への寄稿における発言。

＊8 原武史『滝山コミューン一九七四』講談社文庫 2010年 講談社

＊9 フランス文学、ジェンダー研究を専門とする西川祐子著『古都の占領 生活史からみる京都1945－1952』平凡社 2017年

＊10 Blair Imani *Modern Herstory* TEN SPEED PRESS 2018年

＊11 水木しげる『白い旗』講談社文庫 2010年

＊12 2016年2月20日にNHK総合で放映された櫻井剛作のスペシャルテレビドラマ『海底の君へ』

＊13　堀越英美『不道徳お母さん講座』河出書房新社　2018年
＊14　カー、エドワード・ハレット『歴史とは何か』清水幾太郎訳　岩波新書　1962年
＊15　*BOY ERASED*　2018年　アメリカ合衆国　監督ジョエル・エドガートン。邦題『ある少年の告白』。実話に基づき、同性愛を「治す」施設に入所した少年の葛藤を描いた作品。

# 第1章　学校と少年

## 1節　教室の光景

### (1) あの場所 ― 地域の絵

〈鮮やかな場面〉

善福寺川から分かれたむき出しのドブ川は、相も変わらずどんよりと地を這っていた。小さな坂を上がると、左手に駄菓子屋、少し怖い顔のおばあちゃんが着物姿で店番をしている。でも、弱々しいわたしにはいくぶんやさしかったが。その店の右手には文房具、教科書、問題集、体育着、そしてお菓子まで何でも売っているお店があった。運動会の日は店頭に地下足袋《じかたび》がぶらさがった。運動でもなぜか「オンチ」を決め込まれて出番のないわたしだったが、かけっこは早い方で六年生でも一等だった。

杉並区立杉並第二小学校　第84回（1969年3月）
卒業記念アルバムより

笑顔のやさしいその店のおばさんは、登校前の小学生で溢れる店内でもじもじしているわたしが後回しにならないようにしてくれた。その店を右手に曲がり、坂を下ると五日市街道が走り、そこには薬屋、つくだ煮屋、二階で珠算《そろばん》教室を開いている文房具屋、自転車屋、肉屋が並んでいた。当時この地域では画期的なスーパーマーケットができてから、つくだ煮屋さんは不動産屋さんに変わった。

東京都杉並区立杉並第二小学校。――1975年2月3日発行『創立九十周年記念誌』によれば、杉並の中で一番高台である尾崎の丘は土地が肥え、作物がよくできたという（24頁）。同誌によれば、1884（明治17）年2月に成田小学校として創設され、1947（昭和22）年に杉並第二小学校となった歴史ある学校である。

わたしが在学していたころの様子を、ある教師が描いている。

9年前に杉二に転勤してきた頃は、ドブの臭いが鼻をついたものだ。白い泡がぶつぶつ浮いていて壊れた看板やら柄のないポリバケツなどがいたるところに投げ込まれていた。土手の草は伸び放題、柵もなかった。

「現職員のひとこと集」「善福寺川」T教諭（同上59頁）

八十周年記念誌には、谷川俊太郎の記憶の光景を見つけた。

秋になって、台風が来ると、相生橋のあたりで川がはんらんし、一面の水の中を、風に向って歩いたことがあった。放課後、鉄棒のかげで、いじめっ子にぶたれたことがあった。おかげで学校がますますきらいになった。

（同上60頁。谷川俊太郎は１９４３（昭和18）年度卒業）

善福寺川にかかる小さな相生橋。大雨のたびに氾濫する川。わたしが大人になるまで、ときに暴れることがあった。

## ⑵ あの教師――戦前教育の遺産

### 〈鮮やかな場面〉

入学祝いの黄色の傘に雨を待ちわびた。どことなく見劣りのするものではあったけれど、黒く光るランドセルを指で何度も触ってみた。

雨が降り出す季節。一年生は、はじめての絵具《えのぐ》に手を染めた。水道場で壁に絵具の手形をつけて、こどもたちははしゃいだ。みんなのあとにおどおどとまねをしていたら、その担任の女性教師が血相を変えて、怒鳴りこんできた。「ウチダーっ！　おまえの母ちゃんに全部掃除させるからなっ！」。一瞬のうちに、まわりには誰もいなかった。「おまえの母ちゃん」、乱暴なことばに衝撃が走り、そして母が掃除する姿が目の前に浮かび、涙がぽろぽろと落ちた。ほんとにボクが一人でやったと思ったのだろうか？　これだけの数を。はじめての恐怖の叱責だった。

男女分かれての何かのテストのようなものがあった。そのとき校庭で男子だけで遊んでいたとき、はじめての集団からのいじめというものに遭遇した。予兆。虫けら扱いの始まりだった。泣きながら担任に救いを求めると、形相を変えた女性教師はまたも「こらっ！」とわたしを怒鳴った。

わたしは当たり前のように、小学校に入った。1クラス47～48名で、4クラス。最初はこどもらしく、楽しみにしていたのだろう。しかし、学校は今までの母、親戚のおじさんやおばさん、職人のやさしいおじさんたちが包んでくれた温もりの空間からわたしを切り離す物であった。「拘束」がわたしの生活を包んだ。「生活とは距離をおき「教える」ことだけのための特別な時空間」[*16]――学校は、全校、学級という形態によって個人を羽交《はが》い絞めにする。

「そんなに悪いのか」と、怒鳴られて思うことが幾度もあった。先生に言ってもどうにもならない。逆に怒られるということを、あの一年生の担任は教えてくれた。その形相は今でも焼き付いている。産休に入った彼女に代わったのは、おばあちゃん先生だった。包み込むやさしさがその笑みにあった。

子は教師に潰され、教師に救われる。先生は男子には厳しく、ときにはすぐに手をあげる。小学校から中学まで、ずっとそうだった。男子は怒られても「傷つかない」と思い込んでいる。いや、そうでなければいけないと考えている。

威厳と権威を纏ったあの教師たちは、どのような人たちだったのだろう。当時は思いもよらなかった問いを立ててみよう。どのような教育を受け、そして教員となったのであろうか。わたしが教わった教師の多くが他界し、また中途で消息が途絶え、手紙は転居先不明で戻るばかりであった。会えたのは、中学時代の担任唯一人であった。知りえた僅かな情報と、年齢からの推測に頼るほかはない。１９５７年生まれのわたしの先生たちの、１９６３年（小学校入学時）と７２年（中学校卒業時）時点の年齢と、敗戦時の年齢を一覧にしてみた（表1、表2）。

〈表１〉

| 1963年 | | |
|---|---|---|
| | 生年 | 敗戦時年齢 |
| 20代 | 1941（22歳）<br>～1934（29歳） | 5～11歳 |
| 30代 | 1933（30歳）<br>～1924（39歳） | 12～21歳 |
| 40代 | 1923（40歳）<br>～1914（49歳） | 22～31歳 |
| 50代 | 1913（50歳）<br>～1904（59歳） | 32～41歳 |

〈表２〉

| 1972年 | | |
|---|---|---|
| | 生年 | 敗戦時年齢 |
| 20代 | 1950（22歳）<br>～1943（29歳） | ～2歳 |
| 30代 | 1942（30歳）<br>～1933（39歳） | 3～12歳 |
| 40代 | 1932（40歳）<br>～1923（49歳） | 13～22歳 |
| 50代 | 1922（50歳）<br>～1913（59歳） | 23～32歳 |

戦前には師範学校があり、またそれだけでは足りず代用教員が存在した。わたしの小学校入学時を考えると、「若い先生」の記憶はほとんどない。一年生から六年生まで40歳前後の教員ばかりであった。戦前の教員養成機関である師範学校卒業生が、わたしの時代の教師の多くを占めていたと考えられる。

その年齢は推測でしかないが、中学時代、少なくとも40代から50代に見えた教師の中には、あだ名がハンマーという、金槌を振り回して怒り狂う技術科の男性教員、授業には必ず木刀を携帯してくる共産党員でもあった社会科男性教員などがいた。後者は地理の授業で、その多くの時間を朝鮮に割き、保護者から偏向であると批判が出たのを覚えている。中古の外車を小学校の正門脇に駐車する教師、昼休みに中学校の中庭で自分の車を洗車する教師も居た。憧れのマイカーを手にしたのであろうか。

師範学校、そして卒業して教師となった人たちは、どのように社会に在ったのであろうか。『教師生活』[*17]は素描を見せてくれる。

教師を養成する機関であった旧制師範学校では授業料をとらなかったから、教師は「ゆとり」のある家庭の子どものようにインテリコースをあゆむことはできなかった。だから教師は、義務教育が終るか終らないかに労働力を期待される最下層（これが日本国民の過半数であるが）を足場にしながら、高級インテリに対する劣等感をもちつづけてきた。こうして、庶民から完全に浮き上ることもなく、庶民感情の中に生きることもできない、どっちつかずの中間層という教師タイプが生まれた。そのうえ、徳川幕府の儒教政策と明治以後の絶対主義天皇制は、教師を「聖職」にまつりあげてその生活を貧乏にとじこめ、偽善と卑屈のワクの中で富国強兵教育

に従わせた。（76頁）

これはあくまでも師範学校卒の教師像の一つを示しているものである。だが、聖職と低賃金という職業は、「でも・しか先生」ということばを生んだ。「教師にでもなるか」「教師にしかなれない」。わたしのこども時代にも耳にしたものである。

またこんな経歴もあったのだ。「彼は大正十三年の生まれだから今年（昭和28年）、満二十九歳である。戦争中の特攻隊くずれで小学校の教師になった男である。師範学校から学徒出陣で入隊し」た経歴が紹介されている。[*18]

この男性のように軍人から教師となった男性教諭もいたのだろう。六年生の時の担任は捕虜となり、全裸で歩かされた恥ずかしい経験を語っていた。

ここで注目しなければならないのは、わたしが在学した時代の教師がどのような教育を受けていたかであろう。杉並第二小学校の八十周年記念誌「現職員のページ」にはいくつも戦時中の体験が語られている（105-122頁）。表1を参照すれば、教育勅語を根幹に置く戦前の軍国主義教育をそのほとんどが受けたと考えられる。また、性別特性論、性別分業論が明確に記された修身教科書、さらには性別に基づいた「らしさ」を語り続けた少年少女雑誌を手にしていたであろう。[*19]「戦前の日本社会は、ジェンダーの視点からみれば、基本的に第三期国定教科書『尋常小学修身書』巻六（一九一八年から使用）

「第二十一課　男子の務と女子の務」が書くような社会」であり、さらに「戦前的な価値意識と社会観が、戦後の中に、そのまま、あるいは部分的に、継承されたり、姿をかえて滑りこんでいるともいえる」という歴史家大日方純夫の指摘に間違いはない。[*20] 教育の場においても、戦前から連続する戦争体験世代がこの時代を担っていたのである。あの教師たちの多くがこうしたジェンダー観を刷り込まれていたことは、疑いない。彼らが見る「女性的男子」は、叱責の対象以外の何物でもなかろう。

緊張の糸が張り詰めた、あの小学一年生の担任教師の授業が甦る。姿勢を正し、声を出さず、彼女は机間巡視の足音を木造校舎に響かせる。いまの目で振り返ると、それは写真で見た陸軍幼年学校の教室の光景を思わせる。教師も生徒も鋳型に自らをはめ込んでいたのではないか。換言すれば、教師がまずその個性をはく奪されていたのかもしれない。

また、ある教師はクラス担任として現れたはじめての日、教室の清掃作業でまさに鬼の形相で声を嗄《か》らしながら怒鳴り続けた。その古さゆえ、箒《ほうき》の柄《え》がぽろりと取れた。泣きそうになりながら教師に告げたが、睨みつけられただけだった。またこの恐怖に毎日を過ごすのか。柄のない箒で懸命に掃除しながら、そう思った。中学の技術家庭の教師も最初の授業で、ひたすら怒鳴っていた。誰一人、悪さをしたわけではなかった。はじめに「威嚇する」。教師のマニュアルにでもあったのだろうか。集団統制のための脅《おど》しによって生徒の中に生じたストレスは、弱者を捌《は》け口としていく。

## （3）あの空間――教師の集団管理

### ［1］学級

〈鮮やかな場面〉

また保本先生（仮名）は眼鏡の奥の目を吊り上げた。今日、彼女に憤怒の相をもたらしたのは、課された掃除をしなかった生徒がいたこと。校庭に男女の二列があった。「きちんとやったという者は一歩横に出なさいっ！」、その声は荒々しかった。ほぼ同時に女子全員が動くのが分かった。ボクは掃除をきちんとする男の子だった。だから、出た、横に。重い空気を首に感じ振り向くと、後ろには誰もいなかった。

瞬時に悟った。「男子」の和を乱したのである。ジェンダーをトランスしたのである。清掃をさぼった生徒は、陽の沈む校庭に立たされた。「あなたは女子の間に混ざっていきなさいっ！」と顔いっぱいに皺《しわ》を寄せた般若《はんにゃ》の形相の教師は、そう投げ捨てた。背後から嫌悪に憎悪が被《かぶ》さった視線が突き刺さる。その痛みは、悪い予感を連れていた。

学校はいつも男女を分けた。列は身長と性別によって整う。1年近くの生年の差はこの時期著しく、身丈を含めたさまざまな能力の差が明白に列に可視化する。「列」は前に「序」を付して機能する。そして男子の列、女子の列、男子と女子は別のもの、この線引きは透明化した堅固な壁となる。その様子はほとんどの人が何の違和感もなく受け入れ、むしろ積極的に受容し、その逸脱には瞬時に反応する装置が備えられる。

四年生の時の女性担任教師は、生徒全員を「○○さん」と呼んだ。合唱か演奏か記憶は定かでないが、男子も女子もリボンを付けることがあった。男子は蝶ネクタイとして。そのとき、彼女は女子が赤、男子が緑に反対し、逆を実践したのだ。専門は理科であることをしきりに言っていた。作文に「理科は男がするものよ」という姉のことばを書いたら、職員室で読んでいたにもかかわらず、教室に血相を変えて怒鳴り込んできたこともあった。そんな彼女も「なよなよした」男子は嫌いだったようだ。

そう、あのときも彼女は血相を変えて教室に怒鳴り込んできた。「お金をお金で包むなどという下品な真似をするな!」。名指しはしないけど、わたしの母が朝、給食費の袋に硬貨を包んだ紙幣を入れるのを見ていた。「ボクの家が下品なんだ」否応なくそう思えた。

感情に任せた爆発と空間を凍《こお》らせる権力によって、その心をズタズタにされることも多かった。だが、この先生が、色や専門に男女の「らしさ」を絡ませる慣習に対して果敢に挑んでいたのも事実である。孤高な闘いであったにちがいない。

## ［2］給食

### 〈鮮やかな場面〉

ひじき、食パン、マーガリン、膜の張った脱脂粉乳。

それは地獄であった。とくに好き嫌いの多かったわたしにとって。ちょっとワルだった佐田（仮名）はチーズが食べられなかった。彼はたしか、屑がいっぱい積まれた集落に住んでいた。担任の保本先生は、決して許さなかった。放課後まで居残らせ、それでも食べなければチーズは給食室の冷蔵庫に保管され、翌朝の佐田の登校を待つ。そして朝からまた強制食が始まる。細い身体をした木田さん（仮名）は、給食の時間に逃亡した。家に向かって走っていく彼女の姿を踊り場の窓から追った。少しの羨望を向けながら。そこまでしても給食は残してはいけない。なんと恐ろしい代物であったろう。

唯一家に持ち帰っていい不味《まず》い食パンに、食べられないおかずをこっそりと詰め込んで、食べる振りをして一瞬の隙に机の中に入れる。誰かに見つかれば、言いつけられる。学級会という糾弾の場が用意されているのだ。しばらくすると、机の引き出しは異臭を放つ。

林間学校という退屈な地獄に用意されたのは、タマネギ丼。きっと親子丼のつもりであったのだろうが、中身はほとんどタマネギである。直感で吐きまくる姿が浮かんだわたしは、腹痛を訴え、飢えに耐えた。翌日のハイキングは宿待機となった。わたしの身体は、生まれ持った華奢な骨格と痩身がか細い線を描いていた。

戦後給食の目的は、体位の向上、平等感、欠食児の解消にあった。[*21] この戦後からの継続の線、そしてまた教師自らの戦時から終戦直後における食糧難の経験が「あの厳格さ」を誘発したのかもしれない。給食指導は学校全体として統一されていたのかは定かではない。だが、総じて「給食は残せない」という抑圧は学校中に蔓延していた。そして〝ふつう〟の生徒は、普通に向き合っていた。わたしは逃げることばかりを考えていた。わたしの人生を象徴するかのように。

その日、解放された。大きな黒い雲が晴れた。六年生になって、担任が代わり、給食を残してもいいと分かった日だ。それまでの沈黙、監視の中の黙食ほど食欲を減退させるものはなかった。それは「教育」の名の下に、問題視されることもなかった。

学校、学級という場に働いた権力は、その猛威を振るった。「「強制」でがんじがらめにされた非人道的な場」という内藤朝雄の定義はけっして大げさではない。[*22] 小学生にも担任指導へのアンケートなどがあったら、こどもへの教師のパワーハラスメントは防げていたであろうか。序列の上位に居るこどもが、学級会で手を挙げて立派な意見を言う以外、『滝山コミューン』に描かれた小学生の議論はどこかでなされていたのだろうか？　少なくとも、わたしの記憶にはない。教室の後ろに投書箱もあったが、そこに紙切れが入っていることも稀であった。「言いつける」という告げ口の行為が良い結果を生むことはないことを、したところで教師が不機嫌になることを、こどもはしっかりと理解している。

学校、学級という空間が、排除と侮辱の生の始まりを用意した。「あいつは男じゃない」「あいつは女みたいだ」「あいつは裏切り者だ」「あいつはみんなが嫌っている」、そして「あいつは先生にも言われている」と、お墨付きを貰った。

給食地獄からは解放されたものの、座席が自由になり、わたしは立ち尽くしていた。最後の一席に座る背に雑言を浴びせられながら、そのときもまた、少し笑みを作っていた。

## 2節　国家の力 ― 学習指導要領

小学生に入るころには、戦後改革の動きはその向きを変え、それに沿った教育が用意されていた。

1951年9月8日のサンフランシスコ講和条約により連合国による占領は終わるが、日米安全保障条約においてアメリカに対する従属的同盟関係が確認される。そしてソ連が社会主義国として国力を示しつつある中で、アメリカの占領政策は重点を民主化・非軍事化から対ソ・反共政策へと方向転換する。日本はアジアにおける「反共の防壁」とされ、労働組合運動や教育運動に対する弾圧へと至り、戦後改革への反動が起きていた。

1947年に「教育基本法」と「学校教育法」が成立し、新しい学校制度が始まったが、ここではわたしの生まれる直前直後の教育の動きをなぞってみたい。1954年の教育二法（「義務教育における教育の政治的中立の確保に関する臨時措置法」と「教育公務員特例法一部改正」）には、教育の政治的中立と政治活動の制限が記される。さらに1956年には、教育委員は住民の直接選挙から首長が議会の同意を得ての任命制となり、国による地方行政への関与を容易にした。1957年には教員の勤務評定全国化、1958年には「試案」の文字の削除された文部省の学習指導要領が法的拘束力を持つに至る。学習指導要領に基づく編集が求められ、教科書検定は強化される。

次に、学習指導要領変遷の歴史を辿っておこう。

1947年に「教科課程、教科内容及びその取扱い」の基準として、初めて「学習指導要領・試案」が編集、刊行されて以来、51年、58年、68年と改訂を経た。

ここでは男女の境界線に焦点を合わせ、体育と家庭科を見たい。

体育に関して、まず1947年の学校体育指導要綱の記述の一部を取り上げる（次頁の〈表3・4〉）。女子の心身の発達の速さと特徴に応じて、細やかな配慮が記されている。

〈表5〉5～9の女子に適当とされる運動の要素は、男子からはく奪されたものと重なる。男性性が問われる今、見直すべきヒントを与えることになろう。

要綱11頁には、男子のみの種目として以下が並ぶ。

器械　跳躍・転回（跳び箱・マット）、懸垂（登棒・鉄棒）

〈表３〉　　　　　　　　　　　　　　　　引用者註：〈表3〉〈表4〉の左欄の数字は年齢を示す

| | | |
|---|---|---|
| 9年<br>－10年 | 身体的特徴 | 女児の身体は著しい発達を始める |
| | 精神的特徴 | 男女はいっしょにいることをきらいはじめる |
| 10年<br>－12年 | 身体的特徴 | 男児は特に肩及び胸が広くなる<br>女児は骨盤の形が女性的となる<br>女児の一部には月経が始まる |
| | 精神的特徴 | 女児は特に律動感情が強い<br>女児には恐怖心が起こりやすい<br>群居本能は男児に特に強い |

〈表４〉

| | | | |
|---|---|---|---|
| 中学校<br>約13年<br>－15年 | | | 女子の身体はますます女性的となり漸次活ぱつな運動に適しなくなる。……特に女子の場合には過労になったり過度に感情を興奮させたりする運動は避けなければならない |
| | 精神的特徴 | 男 | 団体に属しようとする欲求が強い<br>闘争、競争、自己誇示の傾向が強くなる<br>冒険的野心的となる |
| | | 女 | 団体に属しようとする欲求、闘争的傾向はあるが男子に比して弱い<br>憂うつになる傾向がある<br>親友が出来る<br>美的情操の発達を見る |

〈表５〉「適当な運動」

| | |
|---|---|
| 男 | 5, 勇気を養成する運動 |
| 女 | 5, 過労にならない運動<br>6, 明朗性を与える運動<br>7, 過度に感情を興奮させない運動<br>8, 感情の自己統制を養成する運動<br>9, 美的感情を豊かにする運動 |

陸上競技の一つとして「すもう」が入っている。さらに球技も野球型・籠球型・蹴球型・庭球型に分けられる。左記は蹴球型の種目である。

男：サッカー、スピードボール、タッチフットボール、ラグビー

女：スピードボール

ダンスは女子のみである。

指導方針には、以下の注意が記される。

11．中学校以上の女子の指導にはなるべく女子があたるようにする

36．女子の校外体育行事参加については特に教育的配慮をはらう

典型的な男女の違いに基づき、女子を保護の対象として囲む。その一方には、制約のない男子の活動がある。懸垂に腕の太さを、すもうに力比べを、ラグビーに体当たりを期待する。これほどまでに細部にわたる男女という二つだけの性別に基づいた規定が、どこかで歪《ゆがみ》を生んでも不思議ではない。「性別」に基づく規定は、引っ張っても引っ張っても抜けない、地面を這《は》うつる草のように、ここかしこに蔓延《はびこ》る。そしてそれが学習指導要領という国家の後ろ盾を得て現れるとき、性別規定にそぐわない者は序列の最下位に置かれたり、排除の危険に陥れられる可能性が生じるのだ。

一方の家庭科は、1947年の学習指導要領以来、小学校に関しては男女共修（被服製作の単元では項目に（男）（女）の別が示されているものもあるが）で一貫している。中学校では、家庭科は農業、

工業、商業、水産に続いて職業科の1科目として位置づけられる。着眼すべきは、1947年の高等学校の指導要領には、全日制普通課程では希望する男子も選択履修できると記されている点である。実際にどの程度の男子が選択したのかはあきらかではないが、少なくとも「選択」の余地があったのだ。2021年2月28日付朝日新聞朝刊に、家庭科を選択し、女子の中でたった一人授業を受けたという76歳になる男性の記憶が語られている。[*23] 60年前、1961年のことである。

この1947年の学習指導要領は「試案」であった。そこには教師による自主的な研究・指導が確保されていた。体育と家庭科の2科目を1958年と比較してみよう。ここで「試案」が「告示」に変わる。学習指導要領は法的拘束力を持って現れたのである。前年には教員の勤務評定、同年には「道徳」時間の特設、教科書検定の強化などが併行している。

1958年の中学体育は象徴的である。各学年、男女によって種目ごとに指導項目が指示される。器械運動では、とび箱 ― 腕立て前転（男子）、マット運動 ― 腕立て前転（男子）。陸上競技では、男子2000m程度、女子は持久走として1000m程度。男子には女子の二倍を走らせる。球技のサッカーや格技は男子のみ、ダンスは女子となる。作成に携わった人、これを認めた人、そして受け入れた人たちの頭の中で、「男子は女子より体力的に優れ、男子は女子より過酷なものをしなければならない」という疑いのない思い込みが傍若無人に暴れる。過去のこと、否、そうは言い切れない。

そして、家庭科が分かれる。男子向きは木工、金工、製図、機械電気である。調理、裁縫、保育は女子向きとされる。そこにもはや選択の余地は残されていない。国が逆コースと呼ばれた道に方向転換するのと時を同じくして、ジェンダーの境界線は引き直される。どこかで見た。アジア太平洋戦争に向かう、あの光景に重なる。ジェンダーはときに国家の思惑を暴露する。

このように1958年に告示された学習指導要領は、その後の流れを決めるエポックであったといえよう。教育にジェンダーの視点を投ずる小山静子が分析した「家庭づくりのためのジェンダー秩序」に沿った政策が、そこに反映されたのだ。*24 性のあいまいさを包み隠す制服が区分けに貢献する。国民国家が求めるこども像、めざすべき人間像がそこに示される。たくましく競争的な男とやさしく家庭的な女。現実はかけ離れ、弱々しい男子も多かった。女子にも男以上の運動神経を誇り、荒っぽい性格の子もいた。だが、両者への批判の度合いは著しく異なり、男子は序列の下層に追い込まれるのに対し、女子は序列においてむしろ逆の様相を呈していた。男という性別は、スポーツという名の篩《ふるい》に否応なくかけられる。

1958年の学習指導要領は、小学校では61年度、そして中学は62年度からそれぞれ実施となる。まさにそれは、わたしの学校生活の始まりと時を重ねる。中学の技術家庭――製図、作成するのはプランターに椅子、はんだごてを手に文鎮。傍らで女子は調理をしたり、マフラーを編んだり。楽しそうだった。編んだマフラーを誰にあげるか、こそこそ談笑している。密かに期待する野球部やサッカー部の男子生徒が俯《うつむ》き加減に通り過ぎる。青春の一頁などと、その記憶に笑《え》む人もいよう。わたしにはまったく無縁の「青春」の世界だった。

こうした動向の中で、1966年中央教育審議会の答申「後期中等教育の拡充整備について」には、イメージすらも湧かない文が羅列される。「学歴という形式的な資格を偏重したりすることをやめなければならない」「上級学校への進学をめざす教育を重視するあまり、個人の適性・能力の自由な発現を妨げて教育の画一化をまねくことは、民主主義の理念に反するばかりでなく、……」。東京大学の威光も大学入試も変わることのない中で、学歴や受験学習を罪悪として置く。はたしてそこに個人の適性は保証されるのであろうか。スポーツで競うことは当然であり、賛美される清々しささえ有す一方で、勉強の競争は表向きは否定される。都立高校学校群制度に、わたしはまさに遭遇した世代である。[*25]学力の格差を失くすことが、個人の適性・能力の発現に繋がるのであろうか。一つの「勘違い」が生み出した制度としか言いようがない。それら個性の発現を、男女の二分がどれほど妨げたであろうか。

さらに「女子が将来多くの場合家庭生活において独特の役割をになうことを考え、その特性を生かすような履修の方法を考慮する」と、女子への教育的配慮が1項目をなす。機会の均等の確保の直後に置かれるのは、「女子の特性」であった。

66年答申の別記「期待される人間像」には、「日本人としての自覚をもった国民であること、職業の尊さを知り、勤労の徳を身につけた社会人であること、強い意志をもった自主独立の個人であること」が教育の目標の留意点として挙げられる。そして「とくに敗戦の悲惨な事実は、過去の日本および日本人のあり方がことごとく誤ったものであったかのような錯覚を起こさせ、日本の歴史および日本人の国民性は無視されがちであった」と、歴史と国民性の再定義の必要性を説く。

続くのは健全な身体の育成、「頼もしい人、勇気ある人とは、強い意志をもつ人」と、テンションは上がり、戦前の少年雑誌を彷彿させていく。そして、家庭は愛の場、「……仕事を愛し、仕事に忠実であり、仕事に打ち込むことができる人……」、期待される人間像とは、滅私奉公のように働き、愛があり、女性が控える家庭を持ち、国を深く愛す人なのである。これだけ並べたてられる中で尊重される個性とは、どのようなものであろうか。個性の尊重の前に、個性の選別がなされるのは疑いない。建前の綴りが置き去りにしているものがなかろうか。「個性」ということばは、いつも空虚な響きだけを残した。

さらに、財界からの教育への期待や要求が重なる。ここに多大な政治的影響力が行使される。1952年「新教育制度の再検討に関する要望」、54年「当面教育制度改善に関する要望」、56年「新時代の要請に対応する技術教育に関する意見」、57年「科学技術教育振興に関する意見」などが、日経連から出されている。60年代以降も視野に入れた広瀬隆雄の論考において、その変化と背景を把握することができる。[*26] 1950年代の財界からの多様化要求が「多様な人材の量的確保」を目論んだものであった。つまりさまざまな職種に即戦力としての人材を押し込むことである。高度経済成長を迎える1960年代に入ると能力主義が台頭し、人材の効率的養成という観点から多様性が唱えられている。

やがて個性の尊重という視点が生じるが、５０年代と６０年代において、財界から求められ、その影響力を持って教育が転換した方向性の中核は、個々の職種にその能力を持った人間を割り当てるというものである。前出１９６６年の中央教育審議会の答申における「教育の内容および形態は、各個人の適性・能力・進路・環境に適合するとともに、社会的要請を考慮して多様なものとする」という項目へと通じる。そこに戦後のそれまでの平等教育は揺らぐ。

いまだに教育を語る文言の中に頻出する「個性」あるいは「多様性」は、その起点における用法にこのことばが放つ違和感の根源を見出すことができよう。

そして競争を勝ち抜く、理系技術者を優位に置く構図が輪郭を見せる。もちろんそれは、男子だけを念頭に置いている。文科系、教職などは「男として」の壁を前に、下位に追いやられる。

教科書について、アメリカの歴史学者リン・ハントのことばを借りよう。学習指導要領をはじめとした教育行政は、「ナショナルなアイデンティティの心臓部に関わる」ことである。[*27] ナショナルなアイデンティティが個々のアイデンティティの蕾《つぼみ》を容赦なく摘む。わたしが置かれたのは、戦後民主主義の反動化の時代であった。

## 3節　覇権的少年性 ― 学級委員・健康優良児

〈鮮やかな場面〉

同じクラスの山川（仮名）は優れたモデルである。そのバッジが優等生の証である学級委員の選挙で満票を取る男子だ。体格も良く、大人びて、学業も優れ、スポーツも万能である。誰一人として彼に逆らうものはいない。そういえば、彼が先生に怒られたりしている記憶は皆無だ。保本先生に怒られるのは決まっていた。生活習慣ができていない子、勉強のできない子、給食が食べられない子、そしてジェンダーを彷徨っている子。学力やスポーツに優れた子たちは、叱責される理由を持たなかった。山川は阿佐ヶ谷住宅の子。その日の音楽の授業で、なぜか彼のピアノ演奏が用意された。音楽の教師が彼に独奏を求めた経緯は不明である。その響きの中で、越えられない壁を見せつけられた思いがした。

目標が明確に示されることにより、何が優れているのかという選別が生じ、そして序列が形成される。早生まれで、幼く、勉強にも親はほとんど関心を示さない。もちろんピアノもない。そんな家庭の子がどうやって彼と対等な関係を築けようか。3年間同じクラスにありながら、ほとんど口をきいたこともなかった。いや、聞いて貰えなかった。彼のような小学校生活なら、どんなに毎日が楽しかっただろう。これほどまでにこども時代は、人によってまったく違った色に染まる。輝く色、陰鬱な色。

評価のスケールが分かりやすい形を取り、優秀な子の証が与えられるシステムを教育は用意する。集団内、さらにその中の個人に対する評価は固定化していく。その一つがあの学級委員である。庶民文化研究者の町田忍の記憶にもバッジが登場する。*28 そう、名誉のバッジであった。それは誇らしげに胸のフェルトの小さなワッペンの校章の下に、それ以上にきらきらと輝いた。

わたしの小学校では、前後期男女それぞれ2名であった。前期の4人は揺るぎない地位にある4名だった。女子は学力優秀。男子はそれに加えて運動の出来る子であった。抜群の学力を有した女子の前期満票学級委員は、担任の保本先生が2人だけのノートでマンツーマン教育を施していた。彼女の怒れる場面など、一度もなかった。その才に自称女性研究者は興奮を覚えたのであろう。あの先生のピリピリとした苛立ちは、もしかしたら自分の人生をジェンダーによって左右された怒りが燃えていたのかもしれない。

手元にある小学校の八十周年記念誌は、その年の前期後期学級委員の一覧に一頁を割いている。学級委員が構成する企画委員会、そしてそこに名を連ねているのは、まさに学校を動かす中堅男性教員である。

不思議なことに、わたしは四、五年生のとき後期の学級委員に選ばれていた。前期と同様に顔ぶれは同じであったが、わたしが入るほどなので、流動性も秘め、満票ではなく競っていた。わたしに票を入れていたのは、女子の一部の生徒ではなかったか。悪口を言ったりしない唯一の「男子」であったから、男子から揶揄《からか》われていたような女子からの支持であったのだろう。

六年生では、わたしに対して嫌悪を露《あらわ》にする男子がなっていた。その男、松田（仮名）は事あるたびにわたしの何かをあげつらった。顔のできものを見つけては、「ニキビ面の女」と、その目に敵意と軽蔑を浮かべた。

彼は中学受験をするような家庭の子で、1958年に発売されたユニという高級鉛筆で筆箱をいっぱいにしていた。班別の作業で、「うちだにだけは貸すな！」と、工具を貸さなかった。いったい何のために彼の言動はあったのだろう。誰かに意地悪をして、彼は何から解放されていたのだろうか。彼自身もその容姿を弄《いじ》られていた一方で、私立中学を目指す家庭らしい勉強熱心さ、良いとは思えない運動神経にも拘わらずサッカーによってスポーツも自負しようとしていた。それは生徒間に明白に存在した階梯を登ろうとする懸命な努力に映った。そんな彼を覆ったストレスがあったのだろうか。その捌け口がわたしに向けられたのか。

それは6歳上の姉の口からよく聞いたことばだった。「健康優良児」。視力のせいで、選から漏れたと話していた。1930年、朝日新聞社主催、文部省・厚生省後援で全国健康優良児童表彰会が発足する。小学校六年生を対象とし、全国の応募者の中から健康優良児を選ぶものであった。『少年倶楽部』（1917－1930年7月）にも、「日本一を誇る　健康優良児」と写真記事が掲載されている。戦争のため中断（1943－48）はあったが、1949年、健康優良児表彰は新構想のもとで再び開始される。*29 当初は体格や体力の身体面に重点がおかれていたが、戦後は審査項目が「本人」「家族」「環境」に大きく分けられていた。「本人」については「身体の状況」「精神的状況」「健康に対する努力」に分類され、精神的状況に性格や学業成績、身体状況に運動能力が含まれている。[*30] まさにクラスのリーダー山川でいいのである。実態あるモデルだ。

しかし、1970年前後から健康優良児の特集記事では、「体力の低下」や「ひ弱さ」をいかにして克服するかが大きなテーマとなっていく。そのためわたしのころにはあまり聞かれないことばとなり、名誉ある賞はその威光に陰《かげ》りを見せていたのだ。

学級委員バッジ、学業成績による教師の対応の差、背の順、体格、級によって色を分ける水泳帽、全員合奏における楽器の種類。一目瞭然の「ものさし」が張り巡らされた。さまざまに「計られ」たのだ。とくに男子においては、その序列にスポーツ能力が如実に反映されていた。比べて女子の階梯にスポーツ能力の影響は小さい一方で、綺麗なかわいい服や持ち物が一つの因子であったように記憶する。豊かな時代の到来は、こども服に差を見せるようになっていたのだ。それは分かりやすく家庭の経済的状況を映す。

「勉強」への意欲、家庭環境は、学研の「〇年の学習」（1946年創刊）、「〇年の科学」（1963年創刊）の購入の姿にも示された。校庭で販売されたのである。雑誌の中をどれだけのこどもが読んでいただろうか。お目当ては付録だ。多くの子がどちらか一方を購入していた。両方を買って貰える子の付録には、羨望の眼差しが集まる。服、購入雑誌、持ち物、目の前に露呈する家庭の格差が、ステータスを証明する票に結び付いていた。

雨水を吸い込んでは不気味なほどの生命力を持って傍若無人に成長する雑草のごとく、集団による排除は蔓延っていった。可視化された外見や性格の特徴が水となる。身体が細く、骨格も華奢で、色白で、顔立ちも女性的だった。吐く寸前のような不快感をその顔いっぱいにして、横にいた子に「見ろよ、あの唇」と中田（仮名）はすれ違いざまに吐いた。理由なき嫌悪を露にする人間に共通の醜悪が、その顔に映っていた。こどもが言う「唇」ということばは、他人の顔の細部への観察に驚きを覚える。あのときは、こちらが微笑みかけた同じクラスの男子からの反応に、ぐっと悔しさと涙がこみ上げるだけだった。

少年同士の間には、確固たる「序列」が存在した。最下位のグループは「雑魚《ざこ》」と呼ばれた。グループ分けとなれば、わたしの拠り所は「雑魚」しかなかった。その中にさえ、わたしを排除する者がいた。いじめのターゲットになりかけていた五十島（仮名）だった。彼にはわたしが必要だったにちがいない。

わたしはわたしで、ひたすら自分を責め、嘆いた。この顔、この身体、この性格が「女みたい」だからいけないのだ。トランプのポーカーのように、〝全取り換え〟を繰り返し願った。叶わぬ願いを、幾度も繰り返した。

現実の目の中に入り込んでくるのは、「努力」の二文字だった。人としての尊厳を奪われた少年に示され、そして少年が受容したのは、自己に責任を見出し、努力によって自己変革していく道筋であった。

「今ある不本意な自分はあるべき自我とは別物で、努力すればすばらしい本当の自我を実現できる、という自我観は、若者を昂揚させる考え方だった」と、前出の堀越英美は歴史を読んだ。[*31] 明治の修身教科書が載せた説（『中学修身教科書』井上哲次郎著、金港堂 1902年）は、なんとも時代を超えて生き続けていたのである。

ブレイディみかこが読み解いた「自由主義の論理」にも、自らに向上を課すことの価値が反映する。[*32] 何もかもが〝努力〟、真面目な生徒ほどそう信じ込むのだった。

しかしその努力は実ることを知らず、生涯にわたって落胆と絶望の繰り返しであった。こども時代の時計の針はゆっくりと進む。小学校の6年間はとてつもなく長かった。中学を入れた9年間が、その人格形成に及ぼす影響は計り知れない。全体主義に包まれた学校という空間において、黙認は放置となり、いじめや排除に遭っているこどもたちは抜け道を見出せずに、闇に佇むほかにない。

再度、塩原良和を引こう。「学校内でのいじめが、いじめっ子たちの周囲の生徒に黙認されることによってエスカレートするように、レイシズムやヘイトスピーチもそれを黙認する社会的土壌があるからこそ存続し、増幅される」のだ。[*33]

大越愛子はフェミニズムを論じる中で、「個人的体験を政治化」すると言った。[*34]「個人的体験の無数の蓄積が、そこに何らかの問題のありかを示唆する」と。一人の過去の少年の吐露は、はたして政治化されるであろうか。

岡山大学ジェンダークリニックの医師を務める中塚幹也の事例紹介に、その可能性を見出す。[*35]

小学校から中学校の時期に、周囲の大人に男らしくするように言われたり、誰かにいじめられたりという経験は高率であり、中学校や高校で、プールの授業や宿泊研修などを休む、不登校、長期欠席などの経験は高率でした。また、高校以降になると、服装や態度について陰口をたたかれる、リストカットをすることなどが高率でした。学校は、つらい人生の始まりであったことがわかります。

（88頁）

中塚の指摘は、わたしの苦悩が〝個人〟を超越することを示唆する。

それは「つらい生」の始まりに他ならなかった。生を左右する問題は政治化されるべきである。

〈註〉

＊16 木村元『学校の戦後史』岩波新書 2015年 22頁

＊17『文献・資料集成 戦後日本の教師論』第I期 3「教師生活」三一書房 1957年

＊18『文献・資料集成 戦後日本の教師論』第I期 5二「教師：この現実」永井道雄編、永田時雄「教師生活の悲哀」38頁 三一書房 1957年

＊19 内田雅克『大日本帝国の「少年」と「男性性」― 少年少女雑誌に見る「ウィークネス・フォビア」』明石書店 2010年

＊20 米田佐代子／大日方純夫／山科三郎編著『ジェンダー視点から戦後史を読む』第6章「戦争の体験・記憶・認識とジェンダー」大日方純夫 大月書店 2009年 176頁

＊21 学校給食は、1889（明治22）年に山形県鶴岡市の私立小学校で、仏教慈善団体が貧困児童に対する就学奨励のために実施したのが初めてであるとされているが、国が学校給食に初めて関与したのは、1932（昭和7）年の経済不況による就学困難児童救済のためであった。
戦後、1946（昭和21）年12月、「学校給食実施の普及奨励について」の通牒が発せられ、翌年1月、極度の食糧不足に対処し、発育の助長と健康保持を目ざして全校児童を対象とする学校給食が実施された。
右出典：文部科学省『学制百年史』第二編「戦後の教育改革と新教育制度の発展 第一章 戦後の教育改革（昭和二十年～昭和二十七年）第九節 体育・保健・給食 四 学校給食の普及・奨励」1981年
https://www.mext.go.jp/b_menu/hakusho/html/others/detail/1317788.htm

＊22 内藤朝雄『いじめ加害者を厳罰にせよ』KKベストセラーズ 2012年

＊23 朝日新聞朝刊 2021年2月28日『Think Gender 5』「家庭科は女子「呪縛」はいま」

＊24 小山静子『戦後教育のジェンダー秩序』勁草書房 2009年

＊25 学校格差を緩和するために各学区内の高校2～4校を一つの群として志願者に受験させる制度。1967年から81年まで継続した。

＊26 広瀬隆雄「財界の教育要求に関する一考察 ― 教育の多様化要求を中心として ―」東京大学教育学部紀要25巻 1986年

＊27 ハント、リン『なぜ歴史を学ぶのか』長谷川貴彦訳 岩波書店 2019年

＊28 町田忍『昭和浪漫図鑑』第2章「8 学級委員のバッジ」WAVE出版 1998年 76頁。ここでは学級委員は

教員の指名となっている。

＊29 高井昌吏・古賀篤『健康優良児とその時代　健康というメディア・イベント』青弓社ライブラリー　2008年　47頁
＊30 同上 49頁
＊31 前掲＊13　108頁
＊32 ブレイディみかこ『子どもたちの階級闘争』みすず書房　2017年
＊33 前掲＊3　163頁
＊34 大越愛子・倉橋耕平編『ジェンダーとセクシュアリティ―現代社会に育つまなざし』昭和堂　2014年
＊35 中塚幹也『封じ込められた子ども、その心を聴く―性同一性障害の生徒に向き合う』ふくろう出版　2017年

# 第2章　スポーツと少年

## 1節　男の証 ― 野球

**〈鮮やかな場面〉**

「おまえ、責任バッターだからな！」。ツーアウトで打席が回って来ると、そう恫喝してくる。野球――学校が終わると、同じクラスの男子が集まって野球をする時代だった。公園のグラウンド、団地の中央広場。人数合わせか、偶然か、ほんの数回そこに入れられたことがあった。空振り、落球、ここぞとばかりに罵声を浴びる。遊びでもスポーツでもない。ただの苦痛だった。

ようやく終わって家に向かう。「前の二人の責任は？」「なぜ強いやつには言わないの？」。「責任」を問われる子、問われない子。

スポーツが嫌いという訳でもなく、すべてのスポーツができない訳でもなかった。だが、野球は嫌いだった。あれ以来わたしは、野球はしたくないと思い続けてきた。ところが、だ。「職員親睦」が再びあの野球を連れてきた。教員の90％以上を男性教員が占める私立の男子校では、例外なく降りかかった。球技大会などの生徒行事があると、必ず言い出す教師がいる。「教員も野球（ソフトボール）をやろう！」「全員参加！」。そう声を大にして歩き回るのは、たいていが野球経験者か大の野球好きだ。自分の出番を待っていたのだろうか？　みんなにかっこいいところを見せたいのか。最後に勤めた高校では、「野球をやらないやつは教員じゃない」と吐かれた。そしてにじり寄って威嚇とともに強制した。これがフィクションではないのだ。そう、普段から彼はわたしを上から下までねっとりと睨んでは、あの中田と同じ不快な表情を浮かべた。健全を謳うスポーツは、いとも簡単にいじめの道具と化す。部活に、職場に。だが野球、野球と騒いでいる人間をふと見ると、スポーツで鍛えている身体とは程遠い。とくにやりたくない人間に強要してくる男はたいていそうだ。経験もなく、苦手な者を前に、憧れの4番打者の夢でも叶えているのか。とにかく全員に参加させる。自分の指示に従わせる。もしかしたらショータイムなのだろうか。ショーには自分を引き立たせてくれる道化が必要だ。

大学の教員になって何よりよかったことは、この「職員野球」への強制からの解放だった。不思議なのは、なぜこれほどまでに野球に固執し、いっしょにしたがるのだろうかということである。

以前、少年雑誌に戦後の「男性性」を追ったことがある。[*36] 野球と日本人男性の歴史は、「スポーツを楽しむ人」では収まり切れない様相を呈すのだ。少年雑誌を史料として、その歴史を覗いてみよう。

1900年ごろから太平洋戦争下に中止されるまで、少年雑誌に野球は登場していた。明治期の少年雑誌『少年世界』[*37]では、明治末期に年に2〜3回登場している。西洋のスポーツの紹介として、ルール説明が主である。1908（明治41）年には、博文館から『月刊ベースボール』[*38]が発刊されているが、精神論はなく、技に力点が置かれている。大正期の『日本少年』[*39]では、少年小説の主人公として野球少年が設定されたり、野球小説が登場したりしている。さらに昭和初期の『少年倶楽部』[*40]では、六大学やアメリカの野球選手が登場し、1931〜34年にかけては全国中等学校優勝野球大会の詳報が掲載されている。そして野球小説においては、「少年」としての強さ、さわやかさ、「男らしさ」にも言及されるようになる。近代日本メディア史を専門とする有山輝雄は、「武士道野球」が戦前期日本の社会において「正しく模範的な」日本人のモデルを示していたことを指摘している。[*41]

新しい日本の建設、平和や希望を語る記事が、1945年10月から46年3月までの『少年倶楽部』では全体の約半分を、46年の1、2、3月号ではおよそ三分の一を占めていた。だが、少年雑誌の外の世界では、敗戦の翌日に野球復活を唱える男たちが動き始める。

早稲田大学野球部出身、後に日本高等学校野球連盟会長を務めた佐伯達夫は朝日新聞社を訪問し、全国中等学校優勝野球大会（現在の、いわゆる夏の甲子園）の再開を要請する。1945年8月16日のことであった。佐伯の少年時代は偉大なる軍人のそれと同じく、ひ弱なこどもから「やんちゃ坊主」になったという常道で、佐伯の場合には野球を通して「男らしさ」を獲得し、「挨拶以外に暑さ寒さを口に出さない男」になったと自身が述べている。[*42]硬式野球は男がやるものという信念を崩さなかった彼が青少年に必要と感じたのは、決して娯楽ではないだろう。彼は野球に「男らしさ」を見出し、さらに「健全な身体に健全な精神は宿る」というモットーを併せ、青少年の教育に関わろうとする。

下旬には、アメリカと野球に通じた貿易商社員である鈴木惣太郎が、公職追放前でまだ読売新聞社社長であった正力松太郎を訪ね「プロ野球再建」を提案する。また、かつては明治大学野球部マネージャーで、１９４６年に衆議院議員となる松本瀧蔵は学生野球再建に動き出している。鈴木は戦前、正力に依頼されてアメリカ大リーグ選抜を招くなど日米野球交流に尽力し、戦後も日本野球連盟を復活させ、後楽園球場接収命令に対してもGHQに陳情を行っている。広島出身の松本は幼少期に母とアメリカカリフォルニアに渡り、１９２３年、22歳で帰国後は広島広陵中学に編入し、全国中等学校優勝野球大会にもマネージャーとして参加した。大学教授を歴任し、議員としてGHQとの交渉にあたり、後に鳩山一郎内閣で内閣官房副長官を務めている。両者ともに戦前からアメリカと繋がりを持ち、占領下の野球の復興に貢献すると同時に親米の動きを牽引したのである。正力は１９４５年10月の第一次読売争議、12月のA級戦犯指定、４６年の公職追放、４９年10月の不起訴と、動乱の中にあった。[*43] 野球を媒体とした政財界の男たちの連帯は、青少年の前に「健全なる野球」を用意し、文武両道の体育会系男子の優越性を確保したと見ることができる。

早くも10月28日には、東京六大学OB紅白戦が開かれている。また、１９４３年の出陣学徒壮行早慶戦時に早稲田大学野球部マネージャーであった相田暢一は、早慶戦の復活に日本の希望の灯を見出そうとする。[44]

まだ核爆弾によるうめき声が進行形であったであろう時、11月6日には日本野球連盟復活宣言、18日にはオール早慶戦、23日にはプロ野球（職業野球）東西対抗戦と、次々と復活は具体化されていった。占領下、この復活を後押ししたのはGHQであった。精神論や「男らしさ」を纏った野球ではなく、それは民主主義のスポーツ、ベースボールであった。スクリーン・セックス・スポーツという3S政策、[45]そして自身が陸軍士官学校時代にはベースボールに興じていたマッカーサーはアメリカ生まれのスポーツを民主化の象徴とした。[46]チーム全員が協力し、精神主義ではなく、技術や駆け引きによって勝利を得るというプラグマティックな思考への教育が野球を通してなされるとされた。[47]野球と民主主義を結びつける言説が登場する。そしてGHQは敗戦後の民主安定政策としてプロを含めた野球を奨励し、接収下にあった後楽園球場をはじめとする野球場を開放し、ラジオ中継も許可する。

GHQの思惑とは異相を呈するのが、日本野球連盟復活宣言当日、朝日新聞に掲載された飛田穂洲の投書「日本野球道の再建」である。[48]戦前からの「武士道野球」から武士道用語を削除しながらも、精神主義的人間鍛錬、集団主義といった「日本野球」なるものを主張する。「異口同音に強調された日本精神は果して付焼刃でなかつたと誰がいひきれるだらうか」と提起し、「再出発に当つては一層この点に留意して健全無比の野球を組み立て、いかねばならぬであらう。野球経世の大理想を実現せん為に！」と締めくくっている。飛田は1925（大正15）年に、「男は男らしく」「男は軟弱ではいけない」と軟弱学生を嫌悪し、「女はあくまでも女らしいしとやかさが必要」「（らしさの欠如によって）日本国家の危険が招来される」[*49]、あるいは戦場と野球場、チームメイトと戦友を重ねた論を展開していた。[*50]飛田がこの時期に再び脚光を浴びたのだ。

「男らしさ」に憧憬と陶酔を見出し、引いては教育者となって価値観を植え付けていく男たち。そうした男の一人である飛田は、朝日新聞社・大日本学徒体育振興会共同主催の「スポーツ巡回学校」に参加し、スポーツの復活・振興のために尽力する。さらに鈴木惣太郎は、敗戦の「後遺症」に悩まされる多くの日本人のために、再び野球を盛り上げようと精力的に活動した。[*51]GHQ配属の日系アメリカ軍人であり、かつてアメリカの少年野球で活躍していたキャピー原田は鈴木と思いを同じくし、鈴木への協力を約束したという。[*52]こうした活動によって、ペナントレースの再開、東京六大学、全国の大学野球リーグの復活へと着実に進展する。

ノンプロ経験者であったGHQ経済科学局局長マーカット少将は、キャピー原田の協力者であった。野球経験者、野球好きの男たちが連帯を作り、物事の決定権がそこに移譲される。

4月に恒文社から創刊された『ベースボール・マガジン』[*53]では、「少年たちが新しい日本を建設するための活力を養うための野球」と、野球をする男子に国家の期待をかけ、野球を通じて「精神と身体の力」を付けることを求める。

そして「少年と野球」に華々しい脚光を浴びせる出来事が起こる。1946年8月の甲子園復活である（この年の会場は西宮球場）。開会式を報ずる朝日新聞には、「二百七十名の健児は感激にふるひ烈々の闘魂を漂よはす、午前八時半野球大会行進曲のリズムに乗つて役員、全選手が一糸乱れず入場してくる……」と、それはつい一年前までの陸軍幼年学校生徒の隊列行進と姿を重ねる。

雑誌に目を転じると、1947年に入り「教育」を雑誌の特徴としていた『少年クラブ』にも変化が見られ始める。3月号から、僅かだが野球が登場する。そして戦前に同誌の前身『少年倶楽部』の編集長であった加藤謙一らによって、『野球少年』という雑誌が発刊される[*54]。

創刊号は「皇太子のキャッチボール」と謳い、そこには「スポーツこそは、新しい日本を再建する原動力です」と書かれる。彼もまた「男らしさ」に憧憬を抱き、優越的な価値付けをし、それを教育目標と位置付ける教育者の一人である。主人公が軍国少年から野球少年に、軍人が野球選手に、軍神が野球指導者へと姿を変えながらも透けて見える。

飛田は同号で「野球礼賛」と題して、以下のように述べている。「少年は国の宝である」と始め、「球に魂を打込み、快打に心を洗ふならば、吾等の云ふ野球道は、軈て少年の心に男の進むべき道を訓へ、天日楽しむべきを知らしめる」と締めくくる。野球と「男らしさ」が、彼の中では疑いなく結び付いており、その彼がこの時期に少年雑誌に再登場している。戦前にも飛田は「男らしさ」を野球と結び付けて語っているが、飛田に「男子の進むべき道」と言わせなかったのは、その道に「兵士」がいたからではないだろうか。

6月の『少女クラブ』で、戦後初めてスポーツが取り上げられたのはフィギュアスケートで舞う少女の姿である。[*55] 以降1949年に女子スポーツ写真特集があり、バレーボール・バスケット・テニス・陸上競技などが取り上げられるが、「野球と少年」のように、精神論と合体して盛り上がるような記事は見当たらない。「女子のスポーツ」が「男子のスポーツ」という砦の構築に貢献する。両者には決定的な優劣が付される。男のスポーツには男の精神が宿ると信じて止まない男たちの仕業だ。

左の写真は、1948年新年号（1947年12月発行）の『野球少年』の表紙である。この号では、医学博士が自身の野球部時代を振り返る。「野球できたえたからだと心とを、社会のために役立ててこそ意味があるのだ。われわれの愛する野球が健全に発達するもしないも、この心がけのあるなしに関係が深いのである」（13頁）と。男のスポーツには社会での貢献が待ち受ける。

野球をする「少年」、野球で鍛えた「少年」が社会でも有益な人材となる。このような博士による言説は、野球という一つのスポーツを通して少年や男性の序列装置の構築に著しく貢献する。鍛えていない「少年」は弱く、その社会的価値は低くなるのだ。

『野球少年』1948 年新年号

「愛読者のおたより」という投稿欄にも「ベースボールによって得られる肉体的・精神的効果が日本の再建に有益である」と読者の受容が映る。

1948年の『野球少年』新年特別号（1948年2月発行）では、大人の野球選手が並ぶ。この号で飛田は、勇気・忍耐・努力・正義と野球を結び付ける。その他の記事では、野球選手と男の肉体的逞しさが偶像化される。それらの言葉も肉体も、軍人に幾重にも重ねられたものである。今、飛田は軍神の位置に在る。

そしてついに『少年クラブ』でも、平和や芸術を少年に語りかける記事が消失していく。考えられる要因は、雑誌の娯楽化、野球ブームへの追従である。だが、はたしてそれだけであったのだろうか。読者と編集者たちに共通した「男らしさ」や勝負への渇望が存在しはしなかったか。平和・芸術を説くだけでは充足できない、少年男子への闘争心の鼓舞という強さと「男らしさ」の要求があったのではないか。野球が決して娯楽としてだけでは語られていないことが、それを裏付けていよう。

「これこそが男らしい生活だと中学生のぼくは信じこんでいたのである。……戦争のふいの終結、兵隊たちの権威の喪失、そしてそのあと、ぼくら子供たちに英雄的な充実をあたえたのが、狭い運動場での死にものぐるいの野球練習だった」と振り返るのは大江健三郎である。[*56]

ベースボールはそもそもアメリカで「男らしさ」を象徴し、男たちによってプレーされてきた闘争的・競争的スポーツである。そしてチームスポーツの中でも、一人一人の出番が用意され、その力量が露呈する野球は十分に「強弱」と「優劣」を判定し、「弱」を嫌悪し排除するフォビア――ウィークネス・フォビアを刷り込む装置としての機能を果たしうるものであった。[*57] それは「男らしさ」「男の連帯」がつねに測定装置がなければ成立しえないこと、さらに男たちがつねにその装置を求めることを示していないだろうか。声高に叫ばれた「日本の再建」とは、少女・女性、非日本人、貧者、軟弱な男たちを再び排除した「男の再建」に他ならない。アメリカという「成年男性」である兄から投げられた野球ボールをキャッチした「少年日本」の男たちは「弱」の領域からの脱却を、野球を媒体として試みたのではないか。

一方に商業主義・プロ野球・親米という流れがある。そして他方には、飛田などによる野球と武士道を結びつける動きが見えた。この構図が孕む矛盾は、「男らしさ」の復権という目標によって解消される。キャピー、正力、飛田らは男の連帯を作り、「日本人の男」を再び「男」にしようとした。男と野球は、こうして固い絆を結んだのだ。

それはこどもの世界、男子の世界において、野球の上手い子、下手な子という序列を作り、「しない」「する」が「男でない」「男である」というジェンダーにまで波及する。健全という正義をまとったスポーツ野球は、ある者たちにとっては凶器と化す。

教員野球に燥《はしゃ》いで群れた男たちの多くが、戦後に野球に夢中になった世代である。そして彼らはこのスポーツに単なる楽しみ以上のもの――「男らしさ」と「男の連帯」という価値づけをし、そこに自己顕示の場を見出していたという解釈に無理はないだろう。

高学年になる頃、球技大会はサッカーとなっていた。１９６４年の東京オリンピック以降であろうか、サッカー人気が高まり、やがて中学では野球とサッカーが男子の花形部活動となるのだった。

## 2節　スポーツとジェンダー

〈鮮やかな場面〉

その小学校の屋上から、進学する公立中学の校庭が見えた。真っ白な体操服。中学生になると「トレパン」というダボダボした白の長ズボンだ。ジャージと呼んだ柔らかな生地になる前のこと。衝撃は校庭に白い上下の男子しかいなかったことだ。そう、中学から体育は男女別になるのだ。小学校では高学年の時のスポーツ大会を除いて、男女混合の授業、男女一緒の種目があった。そこにはどこか和やかさがあって、わたしは居場所を見つけられた。遠くの校庭はわたしを言い知れぬ不安で覆う。しかし、「逃げ場のない」時空が再び続くことを覚悟するしかなかった。

### (1) 体育とジェンダー ― 男子のハードル

前述のように、学習指導要領の「体育」では男女の差異・特性は当然のものとして、その種目は細分化され、男子には女子より高いハードルが設定された。そもそもそれほど男女で明確に異なるのであろうか。体育にジェンダーの視線を投ずる井谷惠子が指摘するように、「平均値を用いることが多く、これを根拠に「女子には危険」「男子は女子よりも高い目標」を一律に適用しがち」なのである。*58 体育、そしてスポーツは他の何よりジェンダーを表象する場面となる。スポーツは男子の序列化装置の要となる。スポーツによって生徒間のステータスが上昇する者、無難に通過することで勉強面での優秀さの認知を保てる者、そして「運動のできない男子」という序列の下層集団を生み出す。わたしは、格段運動音痴とは思えなかった。徒競走では六年生と中学三年生で2度一位になった。バスケットボールのゴールの時間制限内でのゴール数、水泳、バレーボールなどでは、放課後にユニフォーム姿で闊歩し、わたしを蔑《さげす》む連中に勝ることもあった。だが、男子のスポーツの優劣はおもに野球とサッカーによって決められた。わたしは好きではないので、無縁であったスポーツだ。加わろうとすれば追い返され、数合わせに入れられれば罵声の嵐となる。誰が足を向けようか。誰が好きになろうか。そのためルールもよく分からなければ、バットにもサッカーボールにも慣れていない。ここでの判定は大きな力となり、「運動音痴」のレッテルが貼られる。「なよなよしたウチダは、スポーツができない」と。

運動能力が基軸の一つになるような男子の序列において下層に置かれ、目立たない存在から学業成績も評価されない。男子を待つ宿命とも呼ぶべきものがある。中学3年間を通して担当した体育教員の評価基準は、あからさまにその印象が大きく作用する序列に従った。お気に入りの運動部員には高い評価を、学業優秀で知名度の高い生徒には運動技能には拘わらず5段階の4の評価を、運動音痴あるいはそうレッテルを貼られた生徒には3以下。そしてどんなに種目によって良い数字を出そうと、ペーパー試験で良い点数を取ろうと、わたしは「3」以外の数字を見たことがなかった。どのような評価をしていたのか。あきらかにする術はもはやない。序列のあきらかな容認であり、そして強化作用としての働きを有していた事実だけが残る。弊害を言われる知識型入試の方が、わたしにとってははるかに公平で透明性を有したものであった。

1954年には、「新しい体育に期待するもの」という論評があった。[*59]「力の弱い子どもの恐怖心をいっそうあおって、強い劣等感におちいらせる」として体育教育の課題を呈示している。だが、体育→スポーツ→競技の流れは、弱いこどもを苦しめるものになっていく。

男性学の第一人者である伊藤公雄は、かつて「男らしさ」と「スポーツ」の密なる関係を暴いている。「近代スポーツこそ、自己のジェンダー・アイデンティティをつねに証明することを要請された男たちにとって、自らの〈男らしさ〉を証明する絶好の場となった」のである。[*60]

これらのスポーツ男性性が忌避するのは、「女々《めめ》しさ」である。運動のできない「女々しい」男は最低の存在となる。だが一方でこの競争に必死である男子たちにとって、できない男子は必須の存在でもある。蔑むことにより、より下位の存在を認識し、安心と優越の感がもたらされるからである。

そうした苦痛は、親や地域をも巻き込む行事、運動会へとつながる。スポーツ社会学研究者の荒井貞光は運動会で活躍する学生が「思想の健全、堅固な若者であり、その勝敗は個人の域を遥かに超えて、村から府県へ、そして国家の勝ち負けと同一視されるようになった」と、その歴史を読み解いている。[*61]そこには国民統合という思惑が存在したのである。こうした流れを汲む一大行事は、わたしのころにはこの起源ともいうべき特徴を保っていた。中学校の騎馬戦、棒倒し、それらは男子の種目であり、教師、女子生徒、観覧の保護者や地域住民にも昂揚が見えた。

彼らの笑みに記憶がある。戦前の少年雑誌である。朝鮮の男の子は「女のようにおとなしい」とし、日本の男の子は「元気で、乱暴で、……」と困り顔をしながら、「微笑ましい光景」を描いていた。[*62] おどおどしているような男子には、恫喝が飛び交う。「男が何やってるんだ！」。「男らしさ」の正義はけっして疑われることなく、制裁は自主的になされていく。

しかし、その笑みと称賛の陰に、暴力は陰湿に蔓延る。あの田山（仮名）のニヤケた顔は、今でも記憶に鮮明である。棒倒しのどさくさに紛れて、田山は仲間といっしょにわたしに目を付け、ストマッククローをしかけようとしていた。いわゆるカーストの最底辺にいるような男が、「先生にばれずに」暴力のターゲットを見定めたのだ。足の早いわたしはあんなのろまに捕まることはなかった。だが、その後の人生、こうした男は後を絶たなかった。なぜ、愚連隊になってしまうのか。これを書いているとき、駅伝の監督が「男だろ！」と檄を飛ばしたことがSNSで炎上している。問題視されることに、ジェンダー研究が拓いたプログレスを垣間見る。

好きなスポーツを好きなように楽しむ。その個人の権利は、はく奪される。そうした学校教育の場が民主主義教育なのであろうか。競争と「男らしさ」にまみれ、弱者と女性を排除するホモソーシャル集団のロッカールームが、「健全」と「民主主義」を象徴するものなのであろうか。まぶしく光る健全なスポーツマンのイメージが、抗《あらが》えない壁となり立ちはだかる。

今日、セクシャルマイノリティについては注意を喚起する論考が見られてきた。教育学者の藤原直子も体育という科目にジェンダーの視線を投じ、とくにセクシャルマイノリティの生徒が受ける侮蔑や嫌悪の問題を考察している。[*63]

だが、問題はセクシャルマイノリティに限られたものではない。男子の多様性や個性をスポーツが潰している側面への注目は、不十分であると言わざるを得ない。「女子に劣る男子」へのマイクロアグレッションは、教師の言動にさえ現れるのである。[*64]

細目を記した学習指導要領は、いつしか生徒内の世界で自主的・積極的に守られていくのである。そこに逸脱者の尊厳が奪われる。

## (2) 部活動とジェンダー――モテる・モテないの岐路

### 〈鮮やかな場面〉

転校してきた彼は〝モテ〟た。長身でルックスもよく、学業優秀、そしてあのユニフォームを放課後に着た。野球部。野球帽、あるいはサッカーのストッキングを履いていれば「認められた」男子となり、一定のステータスも持っていた。そして、女子の眼差しの対象となった。「モテる」「モテない」の分かれ道。髪型、浅黒い日焼け、ちょっとスリムな学生ズボン。そういえば、規定のダボっとしたズボンやトレパンを履いているのは「モテる」とは無縁の男子生徒たちだった。「モテる」を目指すあの男子の必死の頑張りは滑稽でもあり、羨ましくもあった。嫌悪と侮蔑の対象にしかなりえなかったわたしには、無縁であった。

中学に入ったころ、テレビは「女子向き」のアニメ『アタックNo．1』、そして顔が変形する血みどろの殴り合い『あしたのジョー』は男子に。[*65] どれを見ても勝負。勝つことに向けて、スポーツの才のある主人公が、うさぎ跳びをしながら「根性」なるものを見せていた。

学校の部活、男ならなんと言っても野球、あるいは当時流行り出したサッカーだった。許容範囲内はバスケットボール、テニス、水泳。どこかに自分の居場所を探して、バドミントン部へ。だが、そこにも男子の意地悪が待っていた。そもそもわたしは、あの「トレーニング」が耐えられなかった。「根性なし」はやられる。男子校へと進学した後も、男子集団は何より恐怖でしかなかった。あの目つき、屈辱的な悪口を浴びせた女子集団も劣らず恐怖ではあったが、どっぷりと否応なしに投げ込まれるのは男子集団である。スポーツ有名校でもないが、運動部の声を出してのトレーニングやランニングには閉口した。「声を出せ！」と幾度も怒鳴られた。うつむいた沈黙が、わたしの答えだった。

先輩、思えば歳も一つか二つしか違わないこどもに、どれほど威張られ、服従を強いられただろう。縦の関係を学ばせる集団であり、合言葉は「根性」。運動部活動を歴史的に読む神谷拓は、１９６４年の東京オリンピックを契機に叫ばれた「根性養成」が私的制裁という問題発生へとつながったことを指摘する。[*66] 堀越の視線に合わせてみよう。「滅私奉公の精神は「根性」という一見主体的な言葉に代わり、長時間労働や部活動の過熱化を招きながらも、高度経済成長を支える日本人の精神的支柱として肯定され続けてきた」のだ。[*67] わたしの経験した部活動の背景には、高度経済成長があった。

いつでも称えられるのは文武両道。勉強ができても「がり勉」と揶揄されるだけだ。そしていつも教師の評価から、わたしは無視されていた。おとなしく、小学校低学年から学業優秀でもなく、生徒間での知名度も評価も低い。教師も序列上位の生徒と仲良くなり、一緒になってその階層構造に加担する。なぜなら人気のバロメーターもそうした生徒が握っているからだ。多くの教師の両眼は世間のそれと同化していた。

バドミントン部からわたしの行きついた先は、社会科部だった。そこに居たのは、軽い「知的障害」とされた男子、小学校でも同じクラスだった女子。彼女は強かった。小学校では男子とも喧嘩していた。言われたら言い返していた。そして、わたしの数少ない味方だったかもしれない。

はたして、あの男子たちは本当にサッカーや野球が好きだったのだろうか？ スポーツ社会学研究者の吉川康夫は指摘する。「そうした楽しさ・面白さそのものが必ずしも先天的・本来的なものとはかぎらず、社会の中で育っていくプロセスにおいて身につけたものかもしれず、場合によれば社会に刷り込まれたものである可能性さえある」と。[*68] モテたい、序列の少しでも上に行きたい、そんな思い、ときには重圧だったのではないのか。ストレスはその人に発見器を埋め込む。より劣る、より弱い人間を検索するのだ。わずかな兆候も見逃すことはない。

スポーツをして鍛えなければならない、たくましくならなければならないと思い込んだわたしは、男子高校の運動部を廻る。しかし、いつも3か月で限界を迎えた。走る、また走る。苦痛でしかない。また自分だけが脱落する。逃げる。部活に行かずに帰宅する。分かっている。「だから、何をやってもダメなんだ。辞めてはいけない」。そのことばは十分すぎるほど説得力をもち、自身で納得し、自責する。しかし、耐えられなかった。

男性対象のジェンダー政策を研究射程に入れる大束貢生は述べている。「運動音痴の男の子が自分を卑下することなく生きられることがこれからの社会にとって必要なことだと訴えたいと思う[*69]」、このことばに頷く。わたしは「運動音痴」とレッテルを貼られてしまうことに危機を見る。生まれ持った可能性までもが潰されてはいないか。男子のスポーツとされたものができないからという単純な理由によって、能力も楽しみも奪われてしまう。

さらに、「運動音痴」だけではなく、根性と競争の男子集団に「いたたまれなさ」を覚える男子もいる。居心地の悪さが逃避へと誘い、凍てつく朝に道を覆った雪のごとく自己否定と自己嫌悪を被せていく。

わたし自身も含め、男たちには刷り込まれていた。「男らしさ」にスポーツは不可欠であることを。

近代のスポーツが「男らしさ」と密な関係にあり、女性蔑視、女性的男子への嫌悪、引いてはホモフォビアへと至った経緯は明白である。だが、友情・努力・勝利・感動・健全というイメージをまとったスポーツに、疑念が投げかけられることはほとんどない。公園でサッカーに励む幼稚園児、コーチ、それを見守り熱狂的な応援団となるママたちの姿。ユニフォームに包まれた小さな男の子が、日焼けしたコーチを囲む。背景にママたちが見守る。その向こうには、憧れを独り占めにするアスリートの姿が映る。その光景が放つ眩しさに目を眩《くら》まされてはいまいか。野球は多くの人が楽しめるはずの、すばらしいスポーツなのだろう。わたしに降りかかったのは、負の影であった。

〈註〉

＊36「少年雑誌が見せた「軍人的男性性」の復活 ─ 占領下のマスキュリニティーズ」『ジェンダー史学』第8号 ジェンダー史学会 2012年12月

＊37 博文館より1895年1月創刊、1933年1月終刊。巌谷小波を編集主筆とし、当代人気作家を集め、『太陽』とともに二大雑誌として発刊された少年向け雑誌。

＊38 博文館より1908年11月創刊、11年9月『野球界』に改題された。

＊39 実業之日本社より1906年1月創刊、38年10月終刊。明治末から大正期にかけて圧倒的な発行部数を記録した。

＊40 大日本雄弁会講談社より1914年11月創刊、1946年に『少年クラブ』と改題し、62年12月終刊。発行部数は昭和初期70万部を超えたという記録がある。

＊41 有山輝雄「戦後甲子園野球大会の「復活」」津金澤聰廣編著『戦後日本のメディア・イベント［1945～

１９６０年」』世界思想社 ２００２年 26頁
＊42 佐伯達夫『佐伯達夫自伝』ベースボール・マガジン社 １９８０年 13頁
＊43 長尾和郎『正力松太郎の昭和史』実業之日本社 １９８２年
＊44 相田暢一『あ、安部球場　紺碧の空に消ゆ』ベースボール・マガジン社 １９８７年 １２９頁
＊45 佐藤正晴「占領期ＧＨＱの対日政策と日本の娯楽」『明治学院大学社会学部付属研究所年報35号』２００５年
＊46 谷川建司　「占領期の対日スポーツ政策 ― ベースボールとコカ・コーラを巡って」『インテリジェンス』10　20世紀メディア研究所 ２００３年
＊47 米沢嘉博『戦後野球マンガ史　手塚治虫のいない風景』平凡社新書 ２００２年
＊48 １９４５年11月6日朝日新聞「声」
＊49 飛田穂洲『飛田穂洲選集』第三巻　ベースボール・マガジン社 １９８６年 ２３３-２４４頁
＊50 飛田穂洲『飛田穂洲選集』第五巻　ベースボール・マガジン社 １９８６年 １２０-１２４頁
＊51 鈴木惣太郎『プロ野球今だから話そう』ベースボール・マガジン社 １９５８年
＊52 原田、キャピー『太平洋のかけ橋 ― 戦後・野球復活の裏面史』ベースボール・マガジン社 １９８０年
＊53 後のベースボールマガジン社社長池田恒雄によって、恒文社より１９４６年4月創刊、５８年4月『週刊ベースボール』となる。
＊54 尚文館より１９４７年4月創刊、６１年1月終刊。創刊号が4万部、１９４９年末発売号は40万部を超えたという記録がある。
＊55『少女クラブ』１９４７年 25巻5号 8頁
＊56 大江健三郎「球のわかれ」『オール讀物増刊号』33・10 文藝春秋 １９４８年
＊57 前掲＊19
＊58 井谷恵子「Ⅲ　教育とジェンダー　総論」33頁 飯田貴子／熊安貴美江／來田享子編著『よくわかるスポーツと

ジェンダー』ミネルヴァ書房 2018年
＊59 水野忠文「小学校学習指導要領体育科編（昭和二十八年改訂版）をめぐって」『教育』1954・06 4（6）44頁
＊60 伊藤公雄「〈男らしさ〉と近代スポーツ ― ジェンダー論の視点から ―」『変容する現代社会とスポーツ』日本スポーツ社会学会編 世界思想社 1998年
＊61 荒井貞光「日本人とスポーツについての一考察 ― 学校運動会の歴史と社会的意味」『九州大学体育学研究』4（4）1971・07
＊62 前掲＊19
＊63 藤原直子「スポーツや体育教育におけるセクシュアル・マイノリティへのハラスメント ― その現状、そして求められる対応とは」『Sexuality』〝人間と性〟教育研究協議会企画編集（63）2013・10
＊64 井谷惠子／片田孫朝日／若林順子「体育授業におけるジェンダー体制の生成 ― 高等学校の持久走授業を事例に」『スポーツとジェンダー研究』4 日本スポーツとジェンダー学会 2006年 4-15頁
＊65『アタックNo・1』浦野千賀子作。1968年1月から70年12月に『マーガレットコミックス』に連載。69年12月にテレビアニメ化された。
『あしたのジョー』高森朝雄作／ちばてつや画。1968年1月から73年5月に『週刊少年マガジン』に連載。1970年4月にテレビアニメ化された。
＊66 神谷拓『運動部活動の教育学入門 ― 歴史とのダイアローグ』大修館書店 2015年
＊67 前掲＊13『不道徳お母さん講座』
＊68 吉川康夫「スポーツと男らしさ」『スポーツ・ジェンダー学への招待』飯田貴子／井谷惠子編著 明石書店 2004年 91頁
＊69 大東貢生「ジェンダーと運動音痴の男たち」前掲＊68『スポーツ・ジェンダー学への招待』211頁

# 第3章　ブラウン管と少年

## 1節　通り過ぎた少年雑誌

### 〈鮮やかな場面〉

わたしの前を少年雑誌は通り過ぎていた。漫画雑誌は家では禁じられていたが、自分でも興味がなかった。少年漫画雑誌を手にするのは、歯医者の夕刻の待合室だけだった。しかし、ガサガサした紙質、やたらとぶったりたたいたりする絵に馴染めず、ページを捲ることはなかった。テレビ化されたものは観ていた。『アタックNo・1』、そして『巨人の星』『あしたのジョー』などの「スポ根」ものが退屈に流れていた。怒鳴りまくる星一徹に姿が重なる自分の父。明日も行かなければならない学校。自分も目に見えないギプスを嵌《は》められているように感じた。殴打の鈍い音が血を飛ばす生臭い場面に、拳《こぶし》を握ることはなかった。

「児童雑誌＝マンガ　二十種類　学年別学習雑誌　三種類　しめて発行部数約一千万　マンガの洪

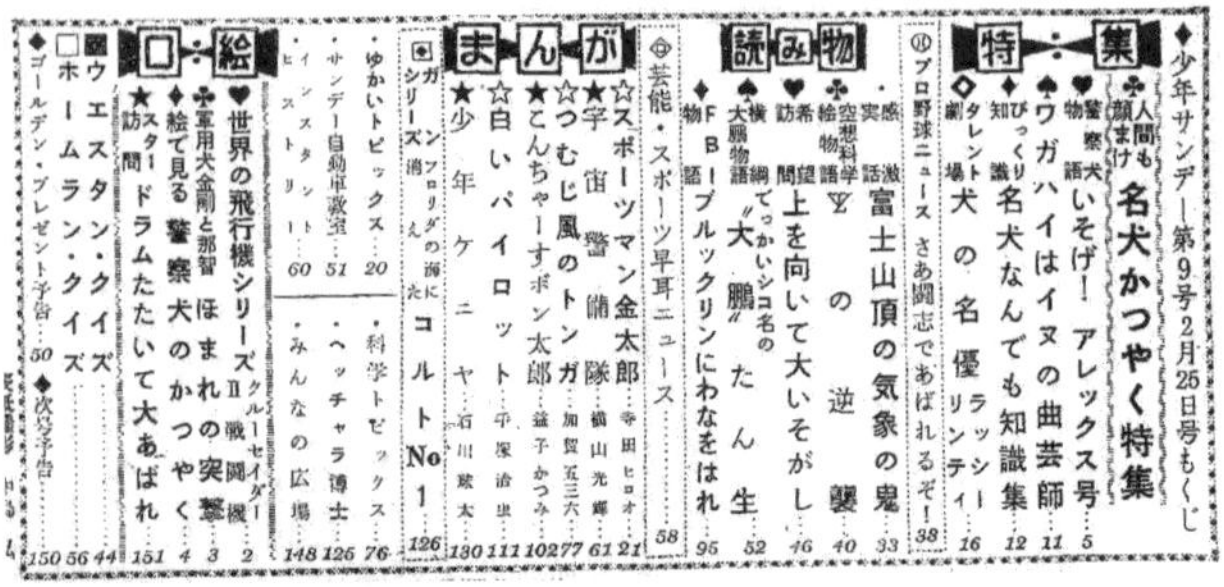
◆少年サンデー第9号2月25日号もくじ
特集
♣人間も顔まけ 名犬かつやく特集
♥警察犬物語 いそげ！アレックス号……5
♠ワガハイはイヌの曲芸師……11
◆びっくり知識 名犬なんでも知識集……12
◇タレント劇場 犬の名優 ラッシー リンティ……16
プロ野球ニュース さあ闘志であばれるぞ！……38
読み物
・感激実話 富士山頂の気象の鬼……33
♣空想科学絵物語 Σ の逆襲……40
♥希望訪問 上を向いて大いそがし……46
♠横綱てっかいシコ名の大鵬物語 "大鵬" たん生……52
◆FBI物語 ブルックリンにわなをはれ……95
芸能・スポーツ早耳ニュース……58
まんが
☆スポーツマン金太郎……寺田ヒロオ 21
★宇宙警備隊……横山光輝 61
☆つむじ風のトンガ……加賀五三六 77
★こんちゃーすボン太郎……益子かつみ 102
☆白いパイロット……手塚治虫 111
★少年ケニヤ……石川球太 130
ガンシリーズ フロリダの海に消えた コルトNo1……126
・ゆかいトピックス……20
・サンデー自動車教室……51
・ヒインスタントストリー……60
・科学トピックス……76
・ヘッチャラ博士……125
・みんなの広場……148
口絵
♥世界の飛行機シリーズⅡ 戦闘機 クルーセイダー……2
♣軍用犬金剛と那智 ほまれの突撃……3
◆絵で見る 警察犬のかつやく……4
★スター訪問 ドラムたたいて大あばれ……151
ウエスタン・クイズ……44
□ホームラン・クイズ……56
◆ゴールデン・プレゼント予告……50
◆次号予告……150

『週刊少年サンデー』1962年2月25日号
価格40円

水」ともいえる時代であった。[70] いずれも週刊の『少年サンデー』『少年マガジン』『少年キング』『少女フレンド』『マーガレット』。1967年、まさにわたしの世代が読者層の中心にあったころ、1959年3月に創刊された『週刊少年マガジン』（講談社）や『週刊少年サンデー』（小学館）が人気を博していた。『週刊少年マガジン』から、『ハリスの旋風《かぜ》』『墓場の鬼太郎』『巨人の星』『あしたのジョー』といった作品が送り出され、67年には100万部を超す発行部数になっていた。『週刊少年サンデー』は、『オバケのQ太郎』『おそ松くん』などのヒット作品を掲載した。69年には、さらに『週刊少年ジャンプ』（集英社）、同年『週刊少年チャンピオン』（秋田書店）が創刊された。それはまさに漫画の黄金時代の到来であった。

そうした『週刊少年サンデー』や『週刊少年マガジン』がわたしを通り過ぎたのは、そこに展開する空間が「濃密なホモソーシャル」であったからだろう。[71] ホモソー

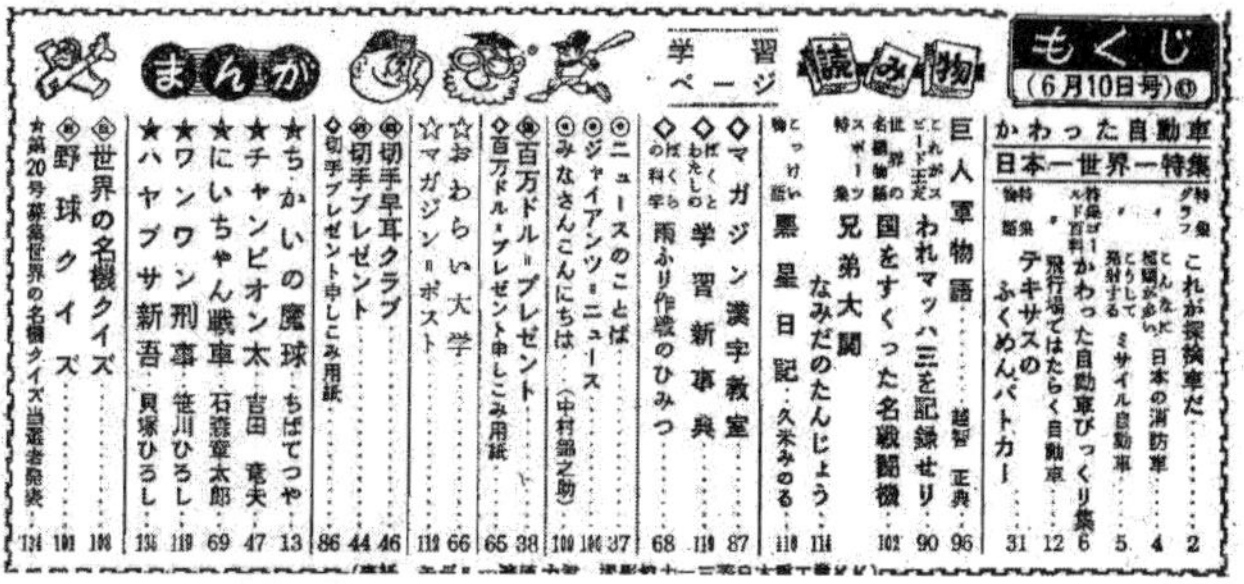
もくじ
（6月10日号）

かわった自動車
日本一世界一特集

特集グラフ　これが探検車だ……2
とんなに坂道が多い　日本の消防車……4
とりして発射する　ミサイル自動車……5
特集ゴールド百科　かわった自動車びっくり集……6
飛行場ではたらく自動車……12
特集物語　テキサスのふくめんパトカー……31

読み物
巨人軍物語……越智　正典……96
これがスピード王だ　われマッハ三を記録せり……90
世界の名機物語　国をすくった名戦闘機……102
特集スポーツ　兄弟大闘
なみだのたんじょう……114
とっけい物語　悪星日記・久米みのる……110

学習ページ
◇マガジン漢字教室……87
◇ぼくとわたしの学習新事典……119
◇ぼくらの科学　雨ふり作戦のひみつ……68
⊙ニュースのことば……37
⊙ジャイアンツ＝ニュース……106
⊙みなさんこんにちは（中村錦之助）……109
◇百万ドル＝プレゼント……38
◇百万ドル・プレゼント申しこみ用紙……65
☆おわらい大学……66
☆マガジン＝ポスト……112
◇切手早耳クラブ……46
◇切手プレゼント……44
◇切手プレゼント申しこみ用紙……86

まんが
★ちかいの魔球・ちばてつや……13
★チャンピオン太・吉田　竜夫……47
★にいちゃん戦車・石森章太郎……69
★ワンワン刑事・笹川ひろし……119
★ハヤブサ新吾・貝塚ひろし……136
◇世界の名機クイズ……108
◇野球クイズ……101
☆第20号募集世界の名機クイズ当選者発表……134

『週刊少年マガジン』1962年6月10日号
価格40円

シャルの空間とは、わたしが嫌悪の的となり、はじき出される馴染みの場所である。

今になって、手に取ることができるようになった当時の少年漫画雑誌を開いてみよう。

誌面は男だらけで、悪者と戦う。登場する女は母親だけである。スポーツ少年、優等生、友情、正義が語られる少年雑誌は、わたしにとって違和感しかない。そこに戦前と戦後の分断はなく、少年文化というものが確実に息づいてきたのだ。少年文化と少女文化、それらはいずれも積極的に受容されていた。それぞれ少年と少女に。荒っぽくない少女の世界からジェンダーの歯止めが取り除かれるところに、平和を期待してしまう。少女の浮遊性を「社会システムからはじき出されて、ふわふわと浮遊しているところがあります」と指摘し、それを「日常性（現実）と超越性（異界・他界）との間を行き来することを許されたほとんど唯一の存在」と位置づけたのは、写真評論家の飯沢耕太郎である。[*72] そんな少女の世界とは対照的につくられた少年の世界は、合理的で生産的でポジティブとされる男性原理が支配した。感受性豊かな男子は「女っぽい」とされ、またしても下位に置かれる。物差しはスタンダードであり、そこに多様性など入り込む余地はない。強力な基準は、多数を味方につけて正義を纏う。

漫画が送った「根性」「忍耐」というメッセージは生涯こびりついてきた。その行き着く先は滅私奉公である。わたしが教職に就いてからも待ち受けていたものは、これだ。思いやりを持って、熱心に教育を試みても、必ず不適な任務が降りかかってくる。わたしがラグビー部の顧問にされて、ほとんど毎週のように日曜に試合に行かされたように。

## 2節　テレビの中の〝ともだち〟

### 〈鮮やかな場面〉

『三匹のこぶた』[*73]。黄色い雨ガッパのゴムの臭い。近所の同級生と二人、自転車の前と後ろに乗せられて通った幼稚園。雨の日ほど、記憶の色は濃い。園から帰っての楽しみが、ブーフーウーだった。まだ苦悩と出会う前、大人たちの保護に包まれていた。母の実家の庭には木造のアパートがあり、そこには若い男の人たちが住んでいた。その中には「マー君、マー君」と遊んでくれる人もいた。近所には、毎日のように抱っこしてくれた職人のおじさんがいた。知り合いの大工さんは夏に毎日花火を届けてくれた。手渡すときのはにかんだような笑みが60年経っても、浮かんでくる。大晦日は親戚のお兄ちゃんの家で一緒に紅白歌合戦を観た。家にはいない、やさしいお兄さんとお父さんのような人に囲まれていた。いくつもの若い男性の膝の上に、足の間にちょこんと座っているのがマー君だった。そしていつも優しく、母以上にその傍を離れなかった叔母のような年齢の従姉《いとこ》も、母の実家にいた。

わたしの心に残る番組を並べると、それぞれの「時」のシンボルとなる。記憶が始まる3、4歳のころから、わたしは親戚や近所の大人たちのやさしさの中にあった。生きていくことが苦悩の海に投げ込まれることであるなどと思いも及ばず、抱擁と温もりに包まれていた。その温度を興奮の中に甦らせてくれたのは、『緋の河』だ。[*74]

晶は秀男の後ろへと回り込み、その体を毛布ごと背中から抱いて汁を飲ませてくれた。……ひどい震えが去ったあとも晶は秀男を腕の中に入れていた。（91頁）

秀男を包んだ磯の臭いのする霧の中の若い漁師、その浅黒い肌、人なつっこい笑顔、筋肉が張り付いた小さな身体。小さなわたしを可愛がってくれた男たちと記憶は重なる。潮の香を吸い込むように、守られている安堵の温もりが甦る。

ブラウン管は、色濃い性別という圧迫空間からの逃げ場という安全地帯となっていく。遊ぶともだちもいなくなってからは、より一層であった。1958年には10％程度であったテレビの普及率は、1963年には90％に迫っていた。家族みんなが揃って紅白歌合戦を観る、親戚の温かい茶の間で『ジェスチャー』を観る。[*75] それが幸福な人生であり、何か変化を求めることもない。周囲の多くも同じ番組を同じように観る中に安心感を得る。わたしの家庭のテレビの存在は、そうした時代の典型的なものであった。

「テレビを観る」という行為は、消極的、受動的である。コミュニケーション行為から排除され、それに怯《おび》えるわたしは、攻撃を仕掛けてこない相手への安心感と孤独からの解放をそこに見ていた。だが、この一方通行の受容性は性格形成にしっかりと影響したことも疑いない。

やがてブーフーウーを卒業するころには、小学校に入学する。画面では、少年雑誌から飛び出してきたヒーローが活躍していた。1960年代から70年代、日本のアニメーション番組の形成期であった。

1963年、わたしが6歳になった月に、日本初の連続テレビアニメ『鉄腕アトム』[*76]の放送が開始される。さらに東映動画『狼少年ケン』[*77]、TCJの「エイトマン」[*78]と続く。オリンピックイヤーはテレビアニメ時代の幕開けでもあった。映画『ALWAYS三丁目の夕日'64』[*79]で、当時わたしと同年齢の子がこう言っていた。「オリンピックばっかりで、つまんない」。

ブラウン管の向こうで悪と正義が闘う。正義の味方は絶対に男か男の子であり、勇敢で知恵と力を有していた。まさにモデル少年と重なる。悪、卑怯者がいないと正義の味方に出番はない。マグマ大使[*80]は強さ、そして正義とやさしさを備えていた。あの悪者、ゴアはいったい何だったのだろう。ゴアの顔の斑点が気味悪く恐怖を煽っていた。彼が操る「人間もどき」は、その辺にあるような公園に出現していた。棒倒しでにやけて近づいてきた田山、訳もなくわたしを突き飛ばした二木（仮名）。抑圧されているような暗い表情をした小沼（仮名）は、突然わたしの下腹部に膝蹴りを入れてきた。いくつもの顔が「人間もどき」と重なった。わたしにとっての「悪」や「敵」は、すぐそこにいつもいた。

いったいどこにマグマ大使は居るのか。ガムのような友もいない。弱き者を守ってくれる人などいないのが、「学校」だった。こどもと教師の閉ざされた空間。その歪《いびつ》な権力構造の中に見えたのは、利己的、保身的で意地の悪い矮小な者ばかりであった。弾き出され、戻る力も奪われたわたしの両眼こそが歪んでしまったのか。

ゴア
（『マグマ大使』©手塚プロダクション／東急エージェンシー／ピープロダクション）

そうしたヒーローものの一方には、主人公がダメだったり、風変わりだったりするものがあった。わたしが親しみを覚えたのは、丸出だめ夫[*81]、しゃあけえ大ちゃん[*82]、ブースカ[*83]。主人公はみな男子である[*84]。

丸出だめ夫
（『丸出だめ夫』©東映）

ブースカ
（『快獣ブースカ』©円谷プロ）

『丸出だめ夫』は、勉強のまるでできない小学四年生の丸出だめ夫と、科学者で父親のはげ照が発明したポンコツロボットが繰り広げるドタバタコメディである。

『しゃあけえ大ちゃん』は、紺のかすりにズックのかばん、頭に小さな学帽をかぶり、藤蔓の手製の鳥かごに親友のブンチョウ・ブン太を入れて、東京に出て来た少年だった。都会で気ままに行動し、驚きと笑いを引き起こす。「しゃあけえ、〜ぞな」と方言を話した。素朴な少年の言動に、温かさ、やさしさ、勇気が見えていた。

『快獣ブースカ』は、ユーモラスな顔とずんぐりした身体、人間並みの知能と様々な超能力を持つ架空の「快獣」が繰り広げるコメディである。「バラサ、バラサ」「シオシオのパー」などの「ブースカ語」が当時のこどもたちの間で流行した。打たれては、また打たれる。そんな毎日にあった自分は、ブースカが凹む「シオシオのパー」に共鳴した。

丸出だめ夫、しゃあけえ大ちゃん、ブースカ。なぜ好きだったのだろう。そう、数少ない友達が似ていたからだ。しゃあけえ大ちゃんに体格の似た転校してきた男の子は、寂しそうだった。

あの日、「来てくれるかなぁ」と、いくども玄関の外に出て、空き地の向こうの相生橋にこどもの姿を探した。乾いた冬の風が奔放に遊んでいた。こんなわたしでも、完全な孤独となる前の三年生のとき、2、3人しか来ない小さな誕生日会を母が用意してくれた。そこにその転校生を呼んだ。ひとりぼっちでいる転校生に目をつけたのかもしれない。彼はとても喜んでくれた。すぐに進級し別のクラスになってしまったが、遠足の朝、バスの窓から「内田くん」と笑顔で呼びかけてくれた。「誕生会に呼んでくれた内田くんだよ」と、近くにいた母親にわたしを紹介した。あったかな声に「ともだち」を感じた一瞬だった。その後の記憶は全くない。またすぐに転校したのだろうか。あの子がバスの窓から投げかけた笑顔のうしろには、自分と同じようなひとりぼっちの寂しさが透けた。

遠足や林間学校の前には、必ず「班決め」というものがあった。雑魚と呼ばれた連中は、ひとくくりになる。自由にグループを作るというとき、それは自分の「地位」を思い知る瞬間だった。雑魚からも疎《うと》んじられた腐った一尾は、奇妙にも唇に笑みを浮かべていた。大きな屈辱感の隠蔽と雑魚に縋る媚びがもたらしたのであろうか。

ときどき遊ぶような男の子のともだちが、限られた短い期間居たこともある。おとなしい増本くん（仮名）だった。そう、二人で体育館の裏の階段でリリアン（筒状編み機でリリアン糸を編む手芸遊び。1955～75年に大流行した）をした。こそこそと、とんでもない悪事でも働いているかのように。グラウンドの歓声から逃れた木陰に、原色の織りなす糸が伸びていった。

『ひょっこりひょうたん島』のメロディーに惹きつけられ、日曜の夕刻は『てなもんや三度笠』に明日の憂鬱を凌いでいた。[*85] 一人遊びに飽きれば、テレビの傍らに座る。まさに、「テレビっ子」だった。それ以外に楽しいものなど何もなかった。

そんな姿に正常な人間関係など学べる機会は見えない。そうした日々に発達障害の後天的要因の一つを見出すことに、無理はないだろう。

## 3節　テレビが映したセクシュアリティ

### (1) 幸福の未来図

テレビは、もう一つの幻想でわたしを包んでいった。姉の影響もあってドラマを観る子だったわたしに、『三人家族』[*86] というドラマが深く刷り込まれた。横浜駅発の通勤電車で偶然に乗り合わせた、凛々しい男性と美しい女性との恋愛物語であった。

そして二人を待つ幸福な結婚。清潔感のあるスーツ姿、エリートサラリーマン、やさしい微笑み、大人の男性としての体格。それはモデルとして、しっかりと中学生のわたしの中に刻み込まれた。「こうなりたい」、自分の父とは違うやさしさと若さを持った父親になりたいと。竹脇無我と栗原小巻が見せる二人の世界は、その甘いムードとは裏腹に、男と女、恋愛、結婚という「正当な」道筋を提示し、幸福の定義をこどもに焼き付けるものであった。テレビは「家庭文化の演出家」に留まることはなかった。[*87] 性と生の在り方を示し、幸福の未来図をそこに映した。

「頑張ってスポーツをしよう。筋肉を付けて、日に焼けて……」、そう思う、そう誓う。だが、顔立ちは変わらない。体格も変わらない。幾度も思ったものだ。顔と身体、全てを誰かのものと交換できないだろうか？　それは何年も何年も続く白日夢であった。

「いつか変われる」「きっとあのようになれる」そう言い聞かせて、いっときの平穏の中に身を置いて現実から目を背ける。

## (2) 性の超越

憧憬の傍らに垣間見た光景がある。わたしには無縁でないものとなる。なぜなら、その名がわたしへの嫌悪や嘲《あざけ》りに使われるようになったのだ。

竹脇無我と栗原小巻が演じたあの夫婦は、「健全」の象徴である。日本兵に戦争とトラウマを考察した中村江里は性の「健全」と「逸脱」を読み解く。[*88]

新しい性の道徳を説く人々は、カストリ雑誌のような「性的頽廃」に満ち溢れた情報に青少年がさらされることを危惧し、むしろ異性愛結婚に基づく夫婦間の「健全な」肉体関係はどうあるべきかという、理想のモデルを提供しようとした。……売春・不貞・同性愛などの「性的悪行」は「逸脱」した性のあり方であると考えられ、ときに社会的な「害悪」とされたのである。（38頁）

害悪という烙印が押された画は、こどもたちの世界にも入り込む。「社会のことば」を木霊《こだま》しながら。

三枚の「画」を見ていこう。

一枚目の額にあるのは、履歴書を紫に染めた丸山明宏（美輪明宏）である。[*89] 1935年に長崎に生まれた美輪は、原爆の地獄絵の中を走り抜けた。15歳で上京し、ジャズを歌い、進駐軍のキャンプを回る。やがて「美少年募集」の小さな広告に誘われ、秘密めいた少年のハーレムへと入る。そこで歌い、踊り始めた彼は「メケ・メケ」というシャンソンのヒット曲を生み、その容貌は「シスターボーイ」と呼ばれる。やがて銀巴里の扉が彼を待っていた。その光には黒い影が付きまとう。

「化け物！」結構
「シスターボーイ」結構
「オカマ！」結構
私の飢えを
寒さを

怖ろしさを
無実の罪の惨めさを
何一つ知りもせぬ奴輩《やつばら》よ
岩戸の外で嘲笑《わら》うがいい、
勝手に死ぬまで嘲笑うがいい
嘲笑っているその口は、
やがて間もなく骸骨《どくろ》になるのだ。

（『紫の履歴書』２９２-２９３頁「化け物」より抜粋）

美しさと哀しさに充ちた彼の生に、「化け物」ということばはどこまでも不似合いである。無実の罪の惨めさ。それは無数にもこの身を生々しく切り裂いたものだ。

人間てのは浅ましいよ。皆それぞれテメエをマトモの基準にして、己れと異質の人間さえ見ればマトモじゃないという。テメエの劣等感には蓋《ふた》をしてさ。私をマトモじゃないと誹謗《ひぼう》することで自分は、俺はマトモなんだと、安心したいだけなのさ。（同上２９８頁）

マトモの仮面を、美輪はばっさりと剥がす。「見ろよ、あの唇！」と吐いた中田の人を蔑む顔が、その醜さを容赦なく見せたように。いくつもの顔が過る。どれもが「おまえと違って、おれはマトモなんだ」と唾を吐いていく。

二枚目は、この世にない「美」を創ったカルーセル麻紀だ。

カルーセル麻紀。あの頃、この名前は強烈なイメージを放っていた。そしてわたしはこの名前が聞こえる度に怯えていた。わたしへのからかいのことばとなったからだ。

女になった男。女の格好をしながら男の怒声で啖呵を切る。「性転換」という当時まだ聞きなれない手術をし、「えげつないもの」として、わたしたちの前に姿を現した。軽蔑、冷笑、嫌悪が大人たちの反応であった。

1942年（昭和17年）、北海道釧路市で厳格な父親の二男として生まれる。幼少時から女性的趣味嗜好を持っていた。15歳で家出し、札幌市のゲイバーに勤務する。大阪のゲイバー「カルーゼル」に勤務していた19歳のときに去勢手術を、さらに1973年（昭和48年）にモロッコに渡り、性転換手術を受けた。25歳のときに歌手デビューをし、やがて日劇ミュージックホールに出演する。2004年（平成16年）10月の性同一性障害者特例法施行を受けて性別の変更が認められ、戸籍上も女性となっている。

これだけの経歴を見ても、彼女の激情の人生と火の如く燃える強さを見て取れるだろう。幼いころにわたしを包んだ温もりを呼び起こした『緋の河』[*90]こそが、彼女の人生を綴ったものである。

秀男の仇名《あだな》は「なりかけ」だった。
――なりかけがいるぞ。なよなよのおとこおんなだ。
――チビだし肌が真っ白、きっと胸が悪いんだよ。近寄るんじゃないよ。（43頁）

「なよなよ」「おとこおんな」。数えきれないほど浴びたことばだ。そのたびに、わたしは身体をナイフで切りつけられる思いがした。滲む血に悔しさが映る。やがて、そうしたことばに異常なほど過敏となった。そのひとこと、ひとことが歩もうとするわたしの足を転ばせた。だが何もできない弱虫は、鏡に映る自分の目、口、鼻、腕、それらすべてを嫌悪した。そしてわたしの身体には、苔のように憎しみが繁茂していくだけだった。

『緋の河』の少年秀男には、わたしにはない燃える芯があった。休まず早朝に新聞配達をし、十代でも大人相手に啖呵を切った。痛みに耐え、俯《うつむ》かない。底力がマグマのようにふつふつとしている。「この世にない美しいモノになる」という固い決意は、波乱の人生を用意したのだ。

三枚目の額にはピーター――池畑慎之介がいる。歌手、俳優そしてタレントである。上方舞吉村流四世家元吉村雄輝の長男として大阪で生まれた。3歳で初舞台を踏み、跡継ぎとして父から厳しく芸を仕込まれたという。鹿児島ラ・サール中学校に入学するが、寮生活の息苦しさに耐えられず退学。その後中学三年の秋に家を飛び出し、東京でゴーゴーボーイをする。男の子か女の子か分からない美少年ということから「ピーター・パン」と呼ばれていた。ATG映画『薔薇の葬列』にかかわっていた舞台美術家の朝倉摂に、美少年の主役にスカウトされた。やがて1969年には歌手デビューをする。

ピーターが歌手としてデビューし、人気歌手として活躍する時期は、ちょうどわたしの小学生から中学生と時を重ねる。テレビへの露出の多い流行歌手であるということで、彼への注目はこれまで以上に大きかったように思う。彼の出現は、あの塾講師も、学校の教師をも「嘆かせた」のである。そして身近にいる「女みたいな」存在を再確認し、異質なものと見なし、叱責するのだ。

塾経営の男性講師に至っては、こうした人の名前を吐き捨て、苛立ちを露にし、怒りをわたしたちに向けた。何をこんなに怒っているのだろう？　まるで、ゴアのような悪者に憤る善良な市民のように。マトモな領域に侵入した不審者を訝《いぶか》るように。こども心に、何かに怯えているようにも見えた。彼は男子が暖色の服を着ることさえ、咎めた。当時地元では評判の塾であり、わたしたちの学年は教室から溢れるほどの生徒がいた。その中で成績優秀であったにも拘わらず、彼は最後までわたしを嫌っていた。単純な好き嫌いに他ならない。わたしを使うのは、掃除（塾で掃除当番まであった）や落ち着きのない生徒の間に入れるときだけだった。男子はいわゆるカーストの上位にあるような野球部員で勉強もできる子は認め、その評価を他に知らしめた。わかりやすい基準であった。そして塾生の誰もが彼のわたしに示す態度によって、自分たちの言動を正当化する。

受験した高校に全て合格し、足早に報告に行った時でさえ、「おまえのその身体じゃ、受験校行っても無理だ！　付属へ行け！」と、その男性講師は言った。「おめでとう」の一言もなかった。あの嫌悪の顔に、喜びの報告に走ったわたしはまたも怯《ひる》んだ。彼はけっして女子を怒ることはなく、女子にはやさしく、それも容姿によって贔屓《ひいき》した。あの日、合格を知らせに行った日も、脇には日ごろから余計なおしゃべりの多い女生徒がいた。彼のことばを聞いて、同じ都立学校群に受かった女生徒の名前を出してこう言った。「岩谷さん（仮名）なら付いてけるわね」と。「人のことをあれこれ言ってないで帰れ！」と一括するのが教育者であろう。あの塾講師は、女生徒を叱ることができなかった。

学校群という訳の分からない制度のために都立高校は凋落し、私大の付属高校が難関になっていた時代である。あのときの二つの顔が、喜びの春を瞬時に曇らした。合格の喜びさえ、わたしからは奪われるのか。

自分にできる努力をしても、けっして認められることもない。とくに教える立場の人からの低評価は、「生きること」からの忌避を生み出していく。

美輪明宏、カルーセル麻紀、ピーター。三人の美しき額は、その美と芸を認める人々によって、女性として、あるいは性別を超えた究極的美として輝きを放ち、居場所を得ていった。美に加え勇気や人格も備えてと言ったほうがよいだろう。だが、そこにはつねにマトモではない異次元のモノとして罵りと蔑視の視線を投げる社会があった。掲げられた民主主義の下で、多様な個性と個人の尊厳が踏みにじられる。そして直接的制裁を加えたのが、こどもたちであった。

ドラマ『三人家族』の竹脇無我に強い憧れを抱いた思春期のころから、わたしの中にはもう一人の自分が生まれていた。この自分ではないあの自分。そのもう一人の自分が錯覚となって、人生を狂わせていく。錯覚による選択を、ただ本人の自己責任に帰すことができるのだろうか。

美貌、芸、強靭な精神を持たない人間は、どう自らの居場所を見出せばよいのか。年端のいかないこどもに、それを求められようか。


〈註〉
＊70 前掲＊5 67頁
＊71 岩崎稔／上野千鶴子／北田暁大／小森陽一／成田龍一編著『戦後日本スタディーズ②』紀伊國屋書店 2009年 236頁
＊72 飯沢耕太郎『戦後民主主義と少女漫画』PHP研究所 2009年 19頁
＊73 前掲4
＊74 桜木紫乃『緋の河』新潮社 2019年
＊75『ジェスチャー』は、1953年2月20日から68年3月25日までNHK総合テレビで放映されたクイズ番組。
＊76 手塚治虫原作。1963年1月から66年12月まで放映された。
＊77 月岡貞夫原作。1963年11月から65年8月まで放映された。

＊78 平井和正作／桑田次郎作画『8マン』（『週刊少年マガジン』連載）を原作としたテレビアニメ。1963年11月から64年12月まで放映された。
＊79 山崎貴監督 2012年1月公開。
＊80 手塚治虫原作『マグマ大使』の主人公。『マグマ大使』は特撮テレビ番組として1966年7月から67年9月まで放映された。
＊81 森田拳次原作『丸出だめ夫』の主人公。1964年から67年まで『週刊少年マガジン』に連載された。テレビドラマ化され、1966年3月から67年2月まで放映された。
＊82 1964年7月から65年1月まで放映された児童向けドラマ『しゃあけえ大ちゃん』の主人公。
＊83 1966年11月から67年9月まで放映された円谷特技プロダクション・東宝製作の特撮テレビドラマ『快獣ブースカ』の主人公。
＊84 ブースカの性別は明記されていないが、「ボクはブースカれす」という台詞から男の子と推測される。
＊85『ひょっこりひょうたん島』は1964年4月から69年4月まで放映された人形劇。井上ひさし／山元護久原作。『てなもんや三度笠』は1962年5月から68年3月まで放映されたコメディ番組。
＊86 山田太一脚本。TBS系列「木下恵介アワー」で1968年から69年に放映された。
＊87 高度成長期を考える会『高度成長と日本人 2 家庭篇 家族の生活』日本エディタースクール出版部 1985年 262頁
＊88 中村江里「敗戦と「男らしさ」の危機：戦争と性の道徳的・科学的言説と男性性の再編成」『歴史評論』2016年 8月号 №796
＊89 前掲＊2
＊90 前掲＊74

# 第4章　世相と少年

## 1節　杉並西田町の影 ― 朝鮮部落と屑屋長屋

**〈鮮やかな場面〉**

近所を歩けば、畑があちこちに顔を出す。肥やしの臭いの中にツンツンと伸びた大根の葉っぱ。ほったらかしの空き地が大きな口を開けている。その先に井の頭線の小さな改札が、踏切の音に揺れていた。すぐ近くにあった母の実家も、もともと農家であった。わたしの家があったのは、西田町（以下、杉並区の町名は旧町名）。農家が多く、鳶《とび》、水道工事、造園などの職人も多い町だった。親が官僚か何かの息子が、「君のうちはもともと農家だから。あ、やっぱり安い石油ストーブなんだ」と、高価な電気ストーブ使用者は言った。農家の貧しい生活というイメージだ。親から受け継いだイメージなのだろう。彼の家は成宗だ。共産党員であった社会科教員が、「犬養（仮名）の家は凄い家柄なんだぞ」とみんなの前で言った。みんなの前で家柄の良さを語り、犬養は照れ笑いを見せる。ユニークな存在で、揶揄《からか》われることはあっても、侮蔑や排除には遭っていなかった。

畑は住宅に姿を変え、徒歩で20分ほどかかる駅前はスーパーマーケットのある小洒落《こじゃれ》た人気の街へと変貌した。土の色も匂いも、雨後の水たまりも消えた。あの時代のあの町を再訪しよう。

農業を蔑《さげす》む。狭い地域の中に、ある種の分離があるこの町に、それを嗅《か》ぐことができた。隣接する町が少しずつ異なる顔を見せるこの地域の当時の様子を、１９３３年生まれのＩ・Ｋさんは「商業の東田町。成宗には知識人が多く、西田町は農家が集まっていて日本橋まで作物を売りに行っていたなぁ」と回顧する。[*91] 今も町内会の役職を兼任し、若々しい。母親の手作りグローブで野球に熱中したＩ・Ｋ少年は、やがて丸ノ内線が１９６１年に新中野から南阿佐ヶ谷間に開通するという画期に遭遇する。そのとき、Ｉ・Ｋさん、28歳。地下鉄は轟音の中にＩ・Ｋさんのような企業戦士を輸送し、経済発展に貢献したのであろう。そして町も人も塗り替えたのである。

西田町の家から5分ほどのところに、それはあった。チョーセンブラク。意味の分からないカタカナことばのように、その響きだけが残っている。あの頃は「近寄ってはいけないところ」だった。

しかしインタビューをしていると、「聞いたことがある気がする」、近所の人からも「ああ、そういえば」と朧《おぼろ》な記憶が返ってきた。なぜかわたしの記憶と濃度が異なる。

川の傍は安定しない場所、アウトサイダー、というイメージを示してくれたのはＪさんである。[*92] ロマンスグレーの長髪が、おしゃれなファッションに似合う元大学教授だ。またＩ・Ｍさんは、わたしがこどもの頃から知っている、近所の旧家のお兄さん。端正な顔立ちが見せるやさしさは、今も変わらない。彼は、善福寺川から分岐した小川が田んぼの中を通っていたことを思い出す[*93]。その下流に彼らは住んでいたと。川の傍の朝鮮部落。I・Kさんは「勝手に住み着いていた」と語る。わたしのこども時代には、すでに小川も田んぼも姿を消していた。剝《は》がれかけたチョンリマのポスターが、電柱に揺れていただけだった。

外国人労働者問題などをテーマに取材活動を続けるジャーナリスト安田浩一に、このような集落への言及がある。「一部の地域では終戦直後、〝朝鮮人部落〟と呼ばれる集落が生まれ、そうした集落に住む人たちは、地域から差別や偏見の視線で見られることもすくなくありませんでした。そこで暮らす在日の人たちは、たしかに貧しかった[*94]」。西田町に、わたしはそれを目撃した。この西田町では、それは蓋《ふた》をされていた。大人たちからは「近づいちゃいけない」とだけ言われた。近くにいながら、それを知りながら、黙殺という排除ではなかったか。作家井上光晴は「素知らぬ顔」と表現する[*95]。

> 朝鮮人蔑視、虐待の思想は、日本人の体内に、日本帝国主義の根本理念として叩き込まれたのであった。この思想は、いまも日本人の体の奥深くひそんでいる。戦後民主主義教育も、自分たちが犯した過去の罪悪にほおかむりしたまま、素知らぬ顔して通り過ぎていこうとしている。戦前と形こそちがえ、朝鮮人に対する差別は本質的には同じままでつづいている。
>
> （傍線、引用者）

差別は透明化していた。

中学にはそこから通っている生徒がいた。表立ってはいなかったが、ときどきそれをネタにしたからかいを耳にしたことがある。その一人が執拗なまでに、わたしの「女っぽさ」に食いついて、休み時間の度に、これ以上ないような笑顔で囃《はや》し立て、燥いだ。いじられていた者が何かを見つけた喜び。あの休み時間、わたしは屋上に続く階段の踊り場でじっとチャイムが鳴るのを待った。自分はそんなにおかしいのか。喋るだけで、顔立ちだけで、ここまで否定されるのか。不安はわたしの身体にしっかりと張り付き、わたしをますます臆病にした。

小学五年生の冬だった。テレビカメラに映ったのは、一人の男の憤怒の形相であった。金嬉老——1968年2月20日、手形のトラブルから暴力団員2人に対しライフルを乱射して殺害し、逃亡した。翌日には、寸又峡《すまたきょう》温泉の旅館で経営者と宿泊客らを人質にとって籠城した。旅館には、警察とともに報道陣も詰め掛けた。金は何度も記者会見を開き、これまで受けた差別を訴え、警察官による在日韓国・朝鮮人への蔑視発言について謝罪することを人質解放条件として要求した。88時間にわたった籠城の結果、2月24日に金は取り押さえられ逮捕された。こどもだったわたしには、「キンキロー」という響きが残った。

この事件のリアルな印象より、1991年4月5日に放映されたドラマ[*96]の一場面がわたしに突き刺さっている。金少年をリヤカーに乗せて、近所の悪童たちの罵声や投石から逃げる母親。俳優樹木希林が見せたその無表情には、宿命の受容と忍耐が滲み出ていた。差別は備わっているものではなく学ぶものであることを、あのこどもたちは証明する。

わたしが中学時代に属していた社会科部で、顧問の先生に連れられて行ったのが、朝鮮中高級学校、そして阿佐ヶ谷駅北口の東京朝鮮第九初級学校であった。初級学校には何度か見学に行き、わたしの中学の文化祭には向こうの生徒を招待し、体育館のステージで琴（伽耶琴）の演奏をして貰った。チマチョゴリの原色がまぶしかった。わたしが書いた感想の詩が、学校報に掲載され、担任の鈴森先生（仮名）がホームルームで音読したのを覚えている。彼女はわたしの良いところを認めてくれる、数少ない教師の一人だった。

一方で、見えない差別と裏腹に、朝鮮学校への憧れのようなものが当時のいわゆる〝不良〟に見られた。長ラン、ぺちゃんこの鞄――学生鞄というよりはビジネス鞄をこれ以上できないほどに薄くしてたもの――そんな恰好をして校内で虚勢を張っている男女が10名くらいはいただろうか。鞄にぶら下がったお守りが差別と畏怖に揺れていた。

チョーセンブラク、そしてもう一つの集落があったのを記憶している。中央に積み上げられたゴミの山を、長屋のような家が囲んでいた。これもまた、聞き取りをした人たちの記憶には薄い。I・Mさんは「そう言えば」とその記憶を辿る。「みんな貧乏でみすぼらしかったが、あの辺からスゲー、汚ねーかっこしたのが来てたなぁ」と。この西田にはさまざまな人たちが、戦後の混乱の中で住み着いていたのだ。

小学校にはそこから来ている子が何人かいた。一人はこどもながらに強面《こわもて》で、あの給食の闘いをしていた子。いつ転校したのか、いつの間にか消えていた。もう一人は中学の社会科部で一緒になった、軽度の知的障害があった子。彼はなぜか温かな眼差しに守られていた。小学校の彼の担任は彼を愛称で呼んでいた。その響きは、担任教師のやさしい眼差しを伝えた。こどもの人権を守ることに、教師のなせることは大きい。

I・Kさん、I・Mさん、そしてわたしの中学時代の担任教師の記憶にも、呼びかけなければ思い起こせないものであった。「そういえば……」である。侮辱の限りを尽くした連中も、きっとそのすべてを忘れ、問いかければ忘却の彼方に微かに記憶を呼び起こすだけであろう。

屈辱のストーリーは、目を凝らさなければ、見えてこない。

## 2節　犯罪の影 ― 連続通り魔事件

〈鮮やかな場面〉

毎日のように行っていた母の実家。叔母ほども歳の離れた従姉がそこでは母だった。薄暗い階段を上がったところに並ぶ小さな部屋の下宿人など、大人たちに囲まれた温室。

小学校に入学した年の瀬、下宿している青年も一緒に皆が母屋の茶の間にいつものように集まっていた。テレビのNHKのニュースを驚きと恐怖、そして薄笑いを交えて見ていた。「チン切り魔」。鮮烈な言葉だった。高校生（後に判明する）が小さな男の子の陰部を切断するというおぞましい事件だった。母の実家とわたしの家は100メートルも離れていない。その中間の薄暗い叢《くさむら》で起きたのだ。農家の多かった西田町は、以前の畑や田んぼが薄暗い空き地となってほったらかしにされていた。わたしの家の前は、雑木林だった。土手には枝を張った大きな椿の樹が闇に聳えていた。

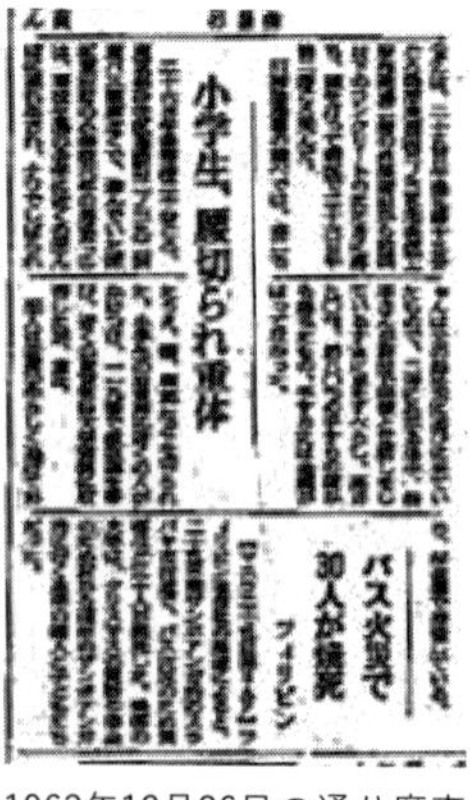
小学生、腰切られ重体
バス火災で
30人が焼死
フィリピン

1963年12月26日の通り魔事件を報じた朝日新聞夕刊

1963年12月26日の朝日新聞夕刊は、小さくこの事件を載せた。

1963年3月から64年10月にかけて、杉並区周辺で小さな男の子が殴られたり、ナイフで切りつけられたりされる通り魔事件が相次いで起こった。『日本の精神鑑定』[*97]（秋元波留夫／風祭元「杉並の通り魔事件」）に事件の詳細を追ってみよう。

・事件1
1963年3月14日午後3時20分頃、杉並区沓掛町の路上で、自転車に乗っていた少年（当時10歳）が、男に背後から押され転倒したところを、ナイフで顔面を切りつけられる。
・事件2
同年7月14日午前7時半頃、同区大宮前の通称「済美山」内で、昆虫採集をしていた少年（当時11歳）ともう1人の少年（当時14歳）が、男に紐で縛られたうえ、胸や頭などを殴られる。
・事件3
同年7月15日午後4時10分頃、同区堀の内の雑木林で、昆虫採集中の少年（当時11歳）が男に紐で縛られ、猿ぐつわをされたうえで押し倒され、下腹部などをナイフで切りつけられる。
・事件4
同年9月21日午後5時50分頃、練馬区上石神井の雑木林で、栗拾いに来ていた少年2人（当時12歳、11歳）が、両手を紐で縛られたうえで男に暴行を受け、1人は顔面や胸、腹をナイフで切りつけられる。
・事件5
同年12月23日午後3時半頃、杉並区西田町の善福寺川付近草原で遊んでいた少年2人（ともに当時12歳）が手を捻じあげられるなどの暴行を受ける。

・事件6

同年12月26日午後0時10分頃、同区西田町の草原において、通行中の少年（当時13歳）が両手を紐で縛られ猿ぐつわをされたうえで押し倒され、陰部をナイフで切られる。少年は性器切断で全治約2ヶ月の重傷を負った。

・事件7

1964年5月3日午前8時半頃、練馬区南田中町の通称「牛山雑木林」内で遊んでいた男児（当時6歳）が、男に左頸部を切りつけられる。

・事件8

同年8月28日午後7時10分頃、杉並区沓掛町の路上で、自転車に乗っていた少年（当時10歳）が、男に押されて転倒させられ、ナイフで顔面を切りつけられる。

・事件9

同年8月30日午前8時半頃、埼玉県北足立郡大和町白子の熊野神社裏山で遊んでいた少年（当時14歳）が、両手を紐で縛られたうえで押し倒され、陰部をナイフで切りつけられる。

・事件10

同年9月3日午後6時35分頃、中野区大和町の証券会社寮脇の空地で、通行中の少年（当時12歳）が、ナイフで頸部などを切りつけられる。

・事件11

同年10月10日午後3時半頃、武蔵野市吉祥寺北町の市営グラウンド東側路上で、通行中の男児（9歳）が両手をシャツで縛られたうえで押し倒されたうえ、下腹部をナイフで切りつけられる。

逮捕されたのは16歳の高校生だった。朝日新聞1964年12月27日の朝刊は少年の逮捕を大きく報道している。そこには被害に遭った男の子が通っていた小学校のPTA会長が恐怖と安堵と遺憾の思いを語り、さらに陰部を切られた少年の母親の憤りも載せられていた。

加害者の少年は犯行の動機を、「雑誌を読んでいるうち男が女に切りつける話があり、小学生の男の子を狙ってやってみたら、その瞬間スーッとした快感を覚えた」と供述した。『週刊朝日』1965（昭和40）年1月15日号は、逮捕までの1年10カ月を記事にしている。本格的な捜査が開始されたのは、もっとも悪質であった陰部切断の事件後であった。それがわたしの家のすぐ傍の原っぱで起こった事件である。

高校一年時の行動記録には、「協調性に欠け、孤独である。判断の傾向としてやや自己中心的であり、情緒の傾向としては内向的で無口」と書かれていた。自分の身長（161cm）が低いことにコンプレックスを持っていたようだ。

次の挑戦状は、1964年3月に警視庁広報課に犯人が郵送した（消印　昭和三十九年三月八日pm0–

6。新宿局）ものである。（『日本の精神鑑定』より）

私は小学生の下腹部を切った犯人だ。私は変質者ではない、デハ　ナゼ私ガ彼ラニ傷ヲ負ワセタカトイウト　ソレハ、杉並警察署員及ビ警視庁ノ刑事タチヲ、アヤツリ人形ノヨウニ私が動カスタメダ。ナゼソノヨウナコトヲスルノカトイウト、〝日本〟ノ警察ハ良クナイコトヲスル、タトエバ一九六四・二・十二、ニ池袋ノマンモス交番ノ「丸山今利」「西沢亭」ガ行ッタ行動、ソノ他、多クノ朝鮮人ヘノ差別ガアル。タトエバ一九六四・二・十二ノ朝「茨城朝鮮中高級学校」ノ寄宿舎デ日本ノ警察官（低能）が行ッタコト（ヨク調ベレバ分ル）、一九六二・九・二〇、アル交番デ公園デ話ヲシテイタ朝鮮人ヲ警察官ガ（悪人）ソノ交番ヘ連レテ行キ、カンキンシテ暴行シタ事件、ソノ他、滋賀県、伊香郡木之本警察署デ二人ノ児童ニ放火ノヌレギヌヲ負ワセタ事件ナドイロイロアル、以上ノヨウニ日本ノ警察ハ悪イ。

ソコデ、私ハコレカラモドンドン私ノ計画ヲ実行スルツモリデアル、アナタ方ハ私ニアヤツラレテ、クタビレロ！　私ハ絶対ニツカマラナイ、

私が犯人ダトイウ証拠ハ事件ノ詳細ヲ知ッテイルタトエバ一九六三・七済美小ノ児童ニ傷ヲ負ワセタ個所ハ睾丸デアル、コノ時ハソコヲ半分切リツケタ、ソシテ1963・12ニ西田町デ負ワセタ時モ、同ジ個所デ、ソノ時ハ全部切リ取ッテヤッタ、私ノ言ウコトが分ッタカ?!

こうした挑戦状・脅迫状は計13通あったという。なぜ警察への恨みを抱いたのか。なぜここに朝鮮人差別に対する警察への憤りが現れたのか。謎を解く手がかりは今、ない。1966年8月3日、懲役3年以上4年以下の不定期刑が言い渡された。川越少年刑務所で服役し、1969年8月18日に仮釈放されている。だが翌年8月2日、武蔵野市の米軍宿舎内での器物破損行為、中学生への傷害行為により逮捕となる。

彼は自分より弱い同性のこどもに対して、暴力的であり、さらに性器への執着が見られる。精神鑑定人による問診の中で、年少の男子の裸、苦悶の声や表情、その性器に性的興奮を覚えていたことを吐露している。同性愛、そしてサディスティックな傾向を有していたと考えられよう。[*98]

学校の成績もスポーツも評価されない。学校で序列の下位にいる。そんな年上の少年群が近所にいた。そのコンプレックスは年少の男子に対するいじめとなった。自分より弱い者を威嚇し、同級生間で溜まった鬱憤を吐き出す。弱い者いじめほど、下方へと連鎖が生じる。

同時に、この少年が犯した罪が他人事ではないことを自覚する。被害者としてだけではなく、加害者の立場からも。

あの事件は、幼い子を血なまぐさい恐怖に陥れた。わたしは、お臍の下に付いているモノがなにか特別なものであり、切り取られる恐怖があるのだと、思った。

この茶の間の温もりの外の闇は、深く恐ろしかった。

## 3節　高度経済成長の影 ――テラスハウス阿佐ヶ谷住宅のパパとママ

**〈鮮やかな場面〉**

洋風――。そんな生活は憧れだった。あの『ルーシー・ショー』[*99]でルーシーが立っていたキッチン。明日は学校のない土曜の夜。ルーシーのくるくるとした目は、僅かな限りある楽しい時をくれたものだ。『奥さまは魔女』[*100]の家は、別世界。魔女の奥様が座るソファー、テーブルでの食事。テレビに映るこれがアメリカなんだ。

西田の町の隣に、ドカンと、小さな〝西洋〟が落ちてきた。阿佐ヶ谷住宅である。みんな「団地」と呼んでいた。一度だけ、同じクラスの子の団地の家に上がったことがある。二段ベッド、キッチン、こども部屋。小綺麗な「ママ」。自分の家とはあきらかに違う空間が目に飛び込んできた。

その中央広場には、こどもたちが溢れていた。そのほとんどは男子であり、野球をしていた。「ラグビー兄ちゃん」と呼ばれる青年がこどもたちをまとめていた。

あのレイコさん（仮名）はその団地から通っていた。学校の男性数学教師も塾の男性教師も、バイトの男子学生も彼女に夢中になっていた。それくらいの美貌を持ち、勉強もでき、スポーツにも長けていた。やさしい微笑を浮かべた彼女は、わたしの悪口などを言わない数少ない女子の一人だった。

阿佐ヶ谷住宅。その歴史を紐解いてみよう。

1955年頃から、「団地族」「団地生活」などという言葉が聞かれるようになる。「住宅地をいかにまとめていくか、住民の生活をいかに結びつけていくべきかが真剣に論議されるようになった。その結晶ともいうべき作品が一九五七（昭和三二）年に期せずして大阪と東京に一つずつ生まれた。すなわち公団大阪支所の中百舌鳥《なかもず》団地と東京支所の阿佐ヶ谷《あさがや》団地である」という。[*101]

阿佐ヶ谷住宅
（三浦展編著『奇跡の団地 阿佐ヶ谷住宅』
王国社 2010年 巻頭写真より）

1958年に、成宗に完成する。設計は日本近代建築界で著名な前川國男であったという。点在する小さな幼児遊園、それを囲むテラスハウス[*102]と見下ろす高層アパート。まだ銭湯や汲み取り式便所が一般的だったころ、浴室、水洗便所、ガス、上下水道が備えられ、ちゃぶ台ではなく、テーブルと椅子で食事をとるスタイルが文化的な生活の象徴として出現していた。汲み取り式便所、母が薪をくべる風呂。あきらかな違いに境界線が浮かび上がる。

個人の購入は2割以下であり、残りは東京銀行、旭化成工業、富士重工業、三井金属鉱業、北越製紙、本州製紙、三井信託銀行、神戸銀行、日東捕鯨法人などが購入していたという。個人では官僚、医者、大学教授、マスコミ関係者などが居住していた。

「大卒ホワイトカラーの家庭」の姿が、その建物にジグソーパズルのようにしっくりと収まる。明るい蛍光灯の下に、その様子はキラキラしていた。Mさんの印象は「二十代後半の若い夫婦、洒落た、綺麗な印象」であったという。[*103]

青梅街道には都電杉並線（1963年に廃止）が走っていた。その土の下に、丸ノ内線の延長線として荻窪線が1962年に開通している。地下を走り抜ける轟音の中に、田んぼは通勤圏へと変貌した。居住者であった櫛山英信は『阿佐ヶ谷住宅物語』[*104]を綴る。カラーテレビは1962（昭和37）年、クーラーは63（昭和38）年に購入したという。こどものころの我が家のテレビは、モノトーンの画面左上に「カラー」という文字が見えた。わたしの生活の中にクーラーが登場したのは、最初の子に汗疹《あせも》ができた20年も後の夏のことだ。

豊かさを、アメリカナイゼイションを象徴するようなあの人たち。敗戦時（1945年）に15〜25歳の若者の世代は、1960（昭和35）年から1975（昭和50）年の高度経済成長期の間、30〜55歳の社会の柱として活躍した。1960年に30歳の人は、15歳までの少年時代を戦時下に過ごし、戦後は企業戦士となった。少女は主婦となって家庭を守り、こどもの教育に熱心な教育ママとなったのである。

安保闘争の国民的な盛り上がり、岸信介内閣の退陣、池田勇人内閣の所得倍増計画、大都市への人口の大量流入。その時代の寵児の如く、「カーブを描く街路と、それに沿って立ち並ぶテラスハウス住宅」は覇権的な家庭像を内包していたのだ。[*105] 降り落ちた〝異物〟は憧憬へと転じていった。

前出のJさんは集合住宅周辺に住んでいた。1947年に生まれた彼の記憶の絵図には、阿佐ヶ谷住宅の存在が大きい。それまで水田であった場所が高度経済成長を象徴する分譲住宅へと変貌する様を目の当たりにしている。「母は教育熱心で、団地の子にピアノを教えていた」という。余裕と自信が垣間見えるさりげない語りに、「階層」が映る。こども世界の序列のトップに在った少年は、エリートコースを歩んでいく。卑屈な下層はその視界には入らない。仲間と過ごした楽しい少年時代の記憶だけが残される。

一方で学力的には同じレベルであっただろうわたしは、惨めさに充ちている。彼とわたしとの間にどのような差異が存在したのであろうか。家庭環境とジェンダー規範への適合ではなかろうか。前者は本人の努力による一定程度の向上を、時代は可能にしていた。後者、いわゆる「女性的」であったというだけで、人の一生はこうも異なるものなのか。歪んでしまった個は、経済的にも、社会的にも、生涯にわたって不利に置かれる。

阿佐ヶ谷住宅は2009年に再開発が始まり、2〜6階の中低層マンションとテラスハウスが緑の中に配置されている。むろんかつてのような歴史的なインパクトはない。

## 4節　家族像の影 ― かぎっ子に投影されたジェンダー規範

〈鮮やかな場面〉

阿佐ヶ谷住宅に引っ越してきた転校生だった。とてもおとなしい、まゆみさん（仮名）がいた。いつも首には小さい鍵が一つ、下がっていた。それをからかう連中がいた。まゆみさんは何を言われても「黙って」いた。首にかかった鍵が乾いた空気に弧を描いた。

こどもの考えることではあるまい。背景には大人たちの、差別意識と批判が見え隠れする。哀れな子、無責任な親、危険、躾《しつけ》が行き届かない。1964年ころ、かぎっ子問題が持ち上がっていた。「こどもがかわいそうだ、非行の原因になる」と議論が沸騰したという。

ここで二つの調査を見てみよう。まずは、1968年の総理府調査「かぎっ子の実態と対策に関する研究」である。この調査研究は、総理府青少年局の66年度委託研究として、東京都立大学教授岩井弘融がその研究グループと共同して行ったものである。

母親の就労理由は、「生活には困らないが、さらに収入がほしい」が約50％を占め、そこに女性の社会進出という時代の変化を見ている（55頁）。60年代後半から大卒主婦のパート労働が増えていた。

調査によれば、母親の家庭外での職業生活を否定するものは73・5％、肯定するものが24・2％となっている。その理由としては「大事な子どももいるし、家事もあるのだから、母親は家にいた方がよい」というものが大多数で54・3％であった。下校時に母親が家にいる割合は、一般の家庭では97・8％であるのに対し、かぎっ子のばあいは29・2％であり、かぎっ子の母親は一般の母親に比べてやはり在宅時間が不十分であると結んでいる。

さらに「かぎっ子の在宅学習時間は平均して非かぎっ子のそれよりやや短かく、成績も非かぎっ子に比して劣っている傾向がみられる」、また「「基本的な生活習慣」「自主性」「情緒の安定」においてやや劣る傾向がみられ、……」という考察も示されている。

次に『1971年厚生白書』を開いてみよう。

「総論　第2章　児童の家庭と環境　第1節　家庭の状況はどうなつているか　4　留守家庭児童がふえている」では、「日中を1人で過ごす児童がふえている」とし、「昭和43年11月30日現在で大阪府下の公立小学校で14・0％、公立中学校で17・6％の児童が、留守家庭の児童である。また、同年の6月25日現在の神奈川県の調査（留守家庭児童・生徒調査）によれば、同県下では、この比率はそれぞれ15・0％、21・3％となつている。厚生省の「全国家庭児童調査（44年10月）」によれば、核家族世帯においては、約483万人が「かぎつ子」であると推定されている」とその増加を指摘し、原因を「共かせぎ世帯の増加によるものである。児童を持つ母親の就労が増加しているのは、30年以降の日本経済の急速な経済成長が女子労働力に対する需要および職域を増大させていること、女性の社会参加能力が向上したことなどの基礎的条件の変化とともに、家事労働の軽減によつて時間的余裕が与えられるようになつたこと、物価高、教育費の増大、消費ブーム などが家庭に入つた婦人を労働に参加させる契機となつているこ となど」に見出している。

そしてかぎっ子を問題化する。

ところで、留守家庭児童であるがゆえにというマイナス面の評価は、必ずしも明らかではないが、保育に占める母親の存在は、もとより何によつても代位しうるものではない。このことは、家庭から引き離されて施設で育つた児童には、ときとしてホスピタリズムといわれる施設児特有の精神的な発育不全が観察されることからもうかがえる。また、児童の具体的行動よりも、児童の意識にさびしさや欲求不満が潜在化していくことが問題とされよう。

さらに、児童が低年齢であればあるほど「子供に悪影響がある」とする者が多いという、総理府の「既婚婦人の就労に関する世論調査（46年7月）」を引く。そして児童が低年齢であれば「しつけ」「性格」、高年齢になるに従って「不良化」「勉強」といった悪影響に言及する。「母親が就業するにあたつては、特に児童が乳幼児か低学年である場合には、自分の就業の及ぼす影響についての慎重な配慮が望まれる。いわんや、消費ブームにあおられての就業は、児童のために戒めなければならないであろう」

と結んでいる。

そこには、母親の就労はこどもにとってあきらかに望ましくないものであり、こどもの帰宅を母が迎えるのが「こどものため」であるということが確認される。

1962年、この年から中学家庭科の男女別学が実施された。主婦予備軍に家庭第一主義をとらせるよう、「男は外、女は内」という性別役割分担教育が政府によって強調されている。男子は木工、金工、製図、機械電気を習い、女子は調理、裁縫、保育を習う。「あたりまえ」と「自然」が大きな力に乗って追い被さる。

家庭科において、男女の分離はきわめて明確な線引きであった。わたしは「技術」という科目は大嫌いだった。なぜ、料理やマフラー編みではないのだろう。ただ受け入れる以外にはなかった。小学生のころの男女一緒の家庭科がなつかしかった。

描かれるのは、工具を手にする父親と針を持つ母親。それが家族の像だったのだ。

哲学者池谷壽夫はジェンダーとセクシュアリティもその研究射程に入れ、「60年代に入ると、こうした家族は、後に見る政府の積極的な家族政策の展開とともに、健全な社会の基礎単位としてよりいっそう積極的に社会的に位置付けられてくる」と歴史を読んだ。[*106] 性別役割分業に基づいた家族像が、60年代後半には政府の求める「健全な」家族像であったのだ。

歴史の中の黒幕が見え隠れする。

## 5節　父と母の影――エロスと暴力

〈鮮やかな場面〉

母はいつも家に居た。こどもがいない時間に用事を済ませ、帰宅時に居ないことはなかった。わたしが学校に行っている間は、伯母の家に数人が集まり、ワッペンの文字をピンセットで糊付けする内職をしていた。たまに連れられて行ったときは、縁側で大きな水槽の金魚を見て、終わりを待った。

〝学べなかった〟わたしの父と母。二人の生い立ちはすでにあの頃、過去の物語になっていたように思う。自分の親には学歴も教養もないというコンプレックスは、その後も持ち続けることになる――父と母の物語。

両親の遺品を整理していたとき、引き出しの中から父が書き遺した一冊のノートが出てきた。ほとんどがはじめて知る衝撃的なものではあったが、こどものわたしの耳に残る大人たちの話の断片と一致した。潤み始めたわたしの目に、その人生が次々とドラマを見せた。幼子の苦労は暴力とエロスに塗《まみ》れる。

1922年、父は生を享《う》けた。実の父親は青山に住む華族で、大学の助教授であった。双子のこどもを残して妻に先立たれた男は、子守女中を身籠らせた。金が解決する。持て余された出生は、たらい回しとなる。女の父親は、やくざな男に身入れしていた下の娘に、勘当を解くことを引き換えにその子を引き取らせる。一家の恥は罰として付与された。堅気になったとはいえ、この男女の間に置かれた年端のいかない子は無力でしかない。産婆からその男が受け取った金は、父の「妹」という存在になる。血縁ではなく、持て余された命の兄妹。

ノートを閉じたくなる気持ちを抑え、その夜の出来事を追った。酒浸りの夫が帰らぬ夜、並んで寝ていた兄妹の脇で、女は下宿人の若い男と行為に至ったのだ。翌日帰宅した父を待ち受けていたのは拷問である。女は竹の棒で頭を、身体を、容赦なく殴り続けた。「お前が言いつけたんだな」と。尋常ではない叫び声を聞きつけた近所の人が制止しなければ、父は命を落としていたかもしれない。男にあの夜のできごとを話したのは「妹」であった。流血は泥に変わり、地を這うような父の流浪の奉公人生が始まるのだった。

奉公、いじめ、暴力、孤独、逃亡、捕獲、肉体労働、貧困。10歳にもならない少年にとって、それは過酷すぎる運命である。死が迫る晩年まで、父をときどき襲う狂気は止むことはなかった。

あの女は、あの若い男と逃亡した。そして連れ合いだった男は、二人を切りつけ、血に染めた。奉公先から逃げ出し、浮浪者の雑魚寝の中に潜り込もうとした少年を追い出したのは、出所したその男であった。いつのまにか「妹」は居なくなった。売られたのだ。後年、早逝した娼婦の遺骨を父は自分の墓に入れた。

やがて少年から青年へとなるころ、父は浅草六区辺りをうろつくチンピラになっていた。しかし、突如、あの女が父の居場所を突き止める。一枚の紙切れが彼女を動かしたのだ。赤紙。「わたしの息子だって、お国のお役に立てるんだ」と誇りに縋《すが》ったのだろう。一枚の写真をよく覚えている。襷《たすき》を掛け、陸軍の軍服に身を包む父の傍らにすっと立っていた。父の生還など願ってはいなかったにちがいない。世間への顔、それが彼女の表情を拵《こしら》えていた。

父は左足脹脛《ふくらはぎ》に銃弾を残し、帰還する。小学校も出ていない父に職業選択の余地はない。生業は消防士。やがて地元の青年会で母と出会う。

あの女の家に同居し、二人は家庭を持った。女の同居男性は変わっていた。朝鮮からの留学生だった。わたしたち兄姉は、この二人を祖父祖母として育った。あの女の、顎の大きな黒子《ほくろ》、長いキセル、火鉢。

やがて知り合いの地主から土地を買って、父と母は小さな家を持った。兄と姉が生まれた。6歳上の姉はよく面倒を見てくれたが、まるでわたしの教育係のようであった。正義感が強く、すぐ脇にいる道徳の先生だった。

8歳上の兄の記憶は薄い。兄が大学入学後は生活の時間帯も異なり、ほとんど接していない。覚えているのは、体臭が満ちた部屋に並んだマルクス全集とヘルメット、ガリ版と鉄筆。あれほどの彼の闘いが残したものは、後ろ手を縛られた姿を見せつけられた母の病以外に何があったのだろうか。そしてわたしには親の老後を置いていった。

家庭が出来るはずだった。それが父の夢だったが、彼は「家庭」を知らなかった。家に居るときの父は、延々と文句を言い、怒鳴り、母を責めた。そして暴力。耳を引っ張る。箸を顔に投げつける。風呂に薪をくべている母の背中を足蹴にする。後に知った。父親の母親への暴力を見せられることが、児童虐待であるという事実を。母は総じて暗かった。そしてときには父の暴力は、兄に、わたしに向かった。歪《いびつ》な家に、暴力と怒声が止むことはなかった。

医学者であり作家である岡田尊司は、「家庭でも両親が毎日ケンカばかりしているとか、母親がうつで寝込んでいるという場合には、子どもは外で受けたストレスを家庭で解消するどころか、さらに強めてしまい、持続的なトラウマになりやすい」と指摘している。[*107] 岡田の指摘を裏付けるかのように、学校での疎外による苦しみが家庭で癒されることはなかった。消防士は、当時一日おきに泊まりであった。父の居る日は、生きた心地がしなかった。

シェルターは甘やかす母と、その傍を離れなかった歳の離れた従姉であった。テレビを前に母、従姉、姉とときには夜更かしをする。そんなひとときが、わたしの安息の時空であった。

わたしの世界は男のそれではなかった。優しく守られるぬくぬくとした場から離れるのは、わたしにとって生涯苦痛となった。そして居場所のないわたしは、迷子になるのだった。

父はもともと向学心が強かったのだろう。無学歴でありながら、試験を受けて司令という階級まで昇った。大卒が階段を昇る速さとは比にならないが、机に向かった。

退職後は油絵、読書に日々を費やしていた。母への態度は変わらず、最後の数年は嫉妬妄想という厄介な病に酷く暴れるようになる。暴力を振るう父を押さえつけて馬乗りになったとき、父は手の届くところにあったガラス瓶を振り上げた。怒りも驚きも恐怖も、湧き上がる悲しみの涙に見えなくなった。やがて病院のベッドに拘束された。

母は夏場になると、毎年毎年、ずっとずっと同じワンピースを着ていた。安物の白っぽい水玉が目に入らなくなったのは、そんなに昔ではない。母は農家の末っ子で、高等小学校卒。幼いころ囲炉裏《いろり》に落ち、その左手の甲に残った痕は生涯消えることはなかった。出かけるときは、赤みを帯びて少し縮んだ手に白い包帯を巻いていた。小さいころはどんな思いをしたのだろう。

母は妙に卑屈なところがあり、金持ちや偉い人に諂《へつら》ったり、物をあげたり、付け届けの常習者だった。農家育ちのせいか、近所の主婦が来ると玄関に座り込んで、床にお茶を置いて長話をしていた。農家の縁側の光景だ。晩年、一人で階下に暮らす母は、小さな背中を丸く畳んで、床にお盆を置いて食事をしていた。

生活や学習習慣における躾は、こどもにその家庭を映し出す。それは無抵抗の孤立状態にいたわたしにさらに劣等感を植え付け、同時に排除やいじめに拍車をかける。あのころ、夏休みに一回の家族旅行が一般家庭の年中行事になっていた。*108 そんなこともわたしの家には無縁だった。

六年生くらいから、わたしは勉強が好きになった。学年が上がるにつれ、男子から、そして女子からもはじき出されたわたしには遊び相手というものがなかった。タンス相手の「だいぴん」、低いトタン屋根にボールを投げてのバレーボールと、一人遊びを次々と考えはしたものの、ひとりぼっちに与えられた時間は山のようにあった。ある夕刻、薄暗い机で何度も社会の教科書を見ていたら、翌日のテストで高得点と、「褒められる」ということをはじめて知った。点数を取るのが楽しくなる。いろんな勉強が解ると面白くなる。六年生の担任守山先生（仮名）は90点以上で「努力賞」、100点は「優秀賞」という小さな紙きれの賞状をくれた。それがうれしくて、もっともっと勉強した。いま手元に残るのは、六年生の夏休みに先生に送ったはがきの返信だ。丁寧に貼られたモンシロチョウの羽は、いまもやさしい。

母はあの頃登場した「教育ママ」ではなかった。「教育ママ」という言葉は、1960年前後の雑誌に登場し、その後60年代から70年代にかけてマスコミなどで取り上げられるようになった。そのイメージは「偏ったもの、過度なもの」として描かれていた。*109

しかし、その母が変化を見せ始めた。そろばん、書道、そして六年生になると地元で評判の学習塾へと行かせたのだ。その先にはいつも幼馴染のみつこ（仮名）がいた。同じ消防士の子だ。負けん気の強い背の低い子だった。わたしには何の競争意識もなかったが、後から入ってはあっという間に彼女を追い越すのが常だった。母に変化を齎したのは、一つにはこの幼馴染の母親に対する対抗心であったことが後に見えた。そしてもう一つは、わたしの成績の急な上昇だった。母は「期待」を持ち始めたのだ。人並みに、いやそれ以上に変われるかもしれないと。教育熱心な母親たちは確かに増えていた。地元農家、職人、地主、会社員、文化人、どんな家庭にも隔たりはなかった。

「教育熱」――聞き取りをした当時の担任の教師の記憶に残っていたのも、「教育熱心」という印象であった。保護者からのクレームは成績に関するものだけであったと振り返る。[*110] その背景は親の期待、偏差値教育、学歴偏重社会といったことばに彩られた。親たちは我が子に教育を身につけることに熱い思いを抱いた。貧富の格差、社会的勢力の分布、家柄などの生得的要素。それらを超えるチャンスをそこに見出したのである。

富永健一の1955年のSSM（social stratification and social mobility）分析は、日本における世代間職業移動率はたいへん大きく、日本では父親の階層的地位がこどものそれを制約する度合いは小さいこと、そしてそこに教育の大なる貢献を要因として突き止めている。[*111] 社会的地位の形成を父親の社会的地位と分離させることを教育は可能にしたのだ。

勉強していい学校に入る。これは希望の途であった。どれほど親に学歴がなかろうと、ジェンダー逸脱によって排除され屈辱まみれであろうと。医者の子、教授の子、一流企業のホワイトカラーの子といった不平等は歴然と残存してはいたものの、それはせめてもの抜け道、一筋の光であった。学歴志向はただ責められるべきものなのであろうか。ときに、それは希望となる。親は職業や貧困のコンプレックスから、そしてわたしは屈辱の学校生活から、這い上がれるように感じていたのだ。

だが、わたしの苦痛の消滅は一時に過ぎなかった。親はそのような子に裏切られつづけることになるのだった。それぞれが託した光は脆くも闇に変わった。

〈註〉

＊91 I・Kさん聞き取り　2019年3月27日
1933年生まれ。小学校六年時に終戦を迎える。慶応大学卒業後、外資系企業に就職した。

＊92 Jさん聞き取り　2018年9月2日
1947年生まれ。杉並第二小学校在籍、杉並区立東田中学校卒業。

＊93 I・Mさん聞き取り　2019年4月4日
1949年生まれ。杉並第二小学校、杉並区立東田中学校卒業。

＊94 安田浩一『学校では教えてくれない差別と排除の話』皓星社　2017年　136頁

＊95『潮』1971年9月特大号 92頁「特別企画 日本人の朝鮮人に対する虐待と差別 日本人一〇〇人の証言と告白」井上光晴「制裁　海老の宙返り」

＊96 1991年4月5日、フジテレビ系放映の『金（キム）の戦争　ライフル魔殺人事件』。監督小田切正明、脚本早坂暁。金嬉老役はビートたけし。

＊97 内村祐之／吉益脩夫監修『日本の精神鑑定』みすず書房　1973年

＊98 同上　411-485頁

＊99 1962年から68年にかけてアメリカのCBSで放映され、1963年5月より66年10月まで土曜夜TBS系列で放映されたコメディドラマ。

＊100 1964年から72年までアメリカのABCで放映され、1966年2月より68年9月まで（第一期）火曜夜TBS系列で放映されたコメディドラマ。

＊101 鈴木成文『鈴木成文住居論集 住まいの計画・住まいの文化』彰国社 1988年 152頁
＊102 それぞれの住戸に専用の庭とテラスがついた連棟型住宅。
＊103 Mさん聞き取り 2019年4月4日
I・Mさんと同級生。杉並第二小学校、杉並区立東田中学校卒業。
＊104 櫛山英信『阿佐ヶ谷住宅物語』アサガヤデンショ 2015年 Kindleの位置 No.1511-1512
＊105 三浦展編著『奇跡の団地 阿佐ヶ谷住宅』王国社 2010年 10頁
＊106 池谷壽夫「純潔教育に見る家族のセクシュアリティとジェンダー ― 純潔教育家族像から六〇年代家族像へ―」小山静子編著『論集 現代日本の教育史4 子ども・家族と教育』日本図書センター 2013年 441頁
＊107 岡田尊司『社交不安障害 理解と改善のためのプログラム』幻冬舎新書 2019年 162頁
＊108 前掲＊87『高度成長と日本人 2 家庭編 家族の生活』178頁
＊109 本田由紀「「教育ママ」の存立事情」小山静子編著『論集 現代日本の教育史4 子ども・家族と教育』464頁
＊110 杉並区立東田中学校三年時担任Y先生への聞き取り 2018年9月20日
＊111 富永健一編『日本の階層構造』富永健一 第1章「社会階層と社会移動へのアプローチ」東京大学出版会 1979年 6頁

# 終章　あの少年を追って

終章では、ジェンダー・トラブルに遭った少年を通して、三つのことを考えてみたい。まず、排除・屈辱・自己否定という連鎖をその実体験の中で検証する。二つ目は自らの生涯を振り返って、その後遺症を探る。最後に提言を試みたい。

## 1節　ジェンダー・トラブル──自己否定の果てに

**〈鮮やかな場面〉**

小学校に鼻の尖った男性教師がいた。担任の女性教師は体育が苦手と、この男性教師と授業を交換していた。この男性教師が担任の休んだ際に学活に来た。わたしが手を挙げて発言すると、「ちょっと待て、男か女か?」と言った。女装していたわけでもなく、女言葉を使ったわけでもない。声変わり前ではあったけれど。みんなはお墨付きを貰ったように安堵に笑った。そして、またその日々が始まる。雑魚、コケ、女、女の腐った奴──女が腐るとどうなるのだろう。挙句は「死ね!」。ゴミのように吹き飛ばされる。

屈辱の日々。行き場を失った悔しさだけが、纏わり付いてくる。嫌悪と排除は、いじめと共通部分を広く有す。そもそもこの「女性的男子」への侮辱、暴力、非人間的扱いが生じる理由とは何であろうか。男女には身体の違いがある。それすらもけっして二分できるものとも限らない。翻訳『日本人の「男らしさ」』はそんな事実を具体的な事例を通して示す。さらに、両性具有と呼ばれる人たちに用意された悲しい結末をも見せる。[*112]

以前にわたしは「男らしさ」「女らしさ」なるものの構築と強化を、日清・日露戦争からアジア太平洋戦争敗戦までのスパンにおいて、当時最大のメディアであった少年雑誌に追った。[*113] 戦争が、植民地政策が、どれほどマスキュリニティ（男らしさ／男性性）の構築に貢献したかは明白であった。「男児」「男らしさ」の強調と対極の「女々しさ」への忌避と嫌悪が戦場へと男性を導いた。

アジア太平洋戦争下の東京陸軍幼年学校を舞台にした小説[*114]の解説は、「女みたい」ということばを「男子にとって最大の屈辱である」と断言する。弱い、女みたいな男など、「お国のために役に立たない」、無用、否《いな》害毒なのであった。

そしてそこには、セクシュアリティのイメージも被せられていた。医学が「女性的男子」と同性愛を結び付けていたのだ。[*115] 近代精神医学の礎を築いたとされる医学博士の呉《くれ》秀三は、同性愛を遺伝的病と位置付けた。

同性愛《どうせいあい》は確《たしか》に一種《しゅ》の病氣《びやうき》であります。それも自分の不心得《ふこゝろえ》不攝生《ふせつせい》から招《まね》いた必然《ひつぜん》の病氣《びやうき》ではなく、多《おほ》くは親《おや》の、でなければ祖先《そせん》の放縦《ほうじう》、不攝生《ふせつせい》な生活《せいくわつ》、露骨《ろこつ》に言《い》へば、大酒《たいしゅ》、黴毒《ばいどく》などから遺傳的《いでんてき》に起《おこ》つた業病《ごふびやう》で……。（24頁）

本人の不心得不摂生によるものではなく遺伝的とみなすが、それは、「正常」な男性カテゴリーとのあきらかな差異化による特殊なカテゴリーの医学的言説による創出である。そして続けて呉は、男性同性愛者を特徴づける「女性的」という性質を問題視する。「……男子《だんし》ならば女子《ぢやし》となつて男子《だんし》を愛《あい》するといふ風《ふう》で、その歩《ある》きつきでも態度《たいど》でも、男子《だんし》であれば女性的《ぢよせいてき》となり、嗜好《しかう》までも女性化《ぢよせいくわ》し、風姿《ふうし》は繊弱《せんじやく》になり……」と、男性同性愛者の「女性化」傾向を結びつけ、さらにその特殊な性情を薄弱・軽佻、身体的な神経症状に見出すのである。[*116]

解剖医であり、性欲研究者であった田中香涯が主筆を務めた雑誌『變態性慾』（二巻二号）の「女性的男子」というタイトルの記事は、呉同様に「女性化」の記述から始まる。[*117]

男子でありながら、その身體及び精神共に女性に類似する者が往々世間にある。所謂女性的男子

> Androgynie 或は女性化 Effeminatio 或は女性體格 Habitus femininus と稱せられるもので、その性慾は通常なることもあるが、併しまたそれが顚倒して同性を愛する者も決して稀でない。（49頁）

さらに同性愛者は「性器が小さい」「声が女性的」「髭が少ない」などの身体的特徴の枚挙に遑《いとま》がない。心性・素振《そぶ》りから身体に及ぶ「女性的」特徴が、同性愛者のイメージをステレオタイプ化する。

男性同性愛者あるいは「女性的」とされる属性についての〝医学〟と称される言説による明確な記述は、生理的嫌悪を免罪する。そこに正義からの逸脱の烙印が押される。弱々しい男は、「女みたい」なできそこないであり、「同性愛者」というカテゴリーに「陥れ」られる。病であり、精神も身体も「欠陥」というレッテルを貼られたこのカテゴリーに同一視することは「絶望」に等しいものであったろう。

そしていま、「オネエ」と呼ばれたり、自らを「オカマ」と呼んだりする人気のタレントがメディアに毎日のように登場している。それは同性愛者が「女性的」という図式の等号をボールドにしていよう。たしかに一般においても、その傾向は否めないかもしれない。好感度の高いタレントは別として、まだまだ一般には違和感を与え、嫌悪や差別の対象のままであることは事実である。しかし、「女性的男子」に対する侮蔑、同性愛への偏見、暴力的男性性の肯定、ウィークネスフォビア、ミソジニー（女性蔑視）などの問題が潜在していることを看過してはならないだろう。

弁護士の師岡康子はヘイトを「人種、民族、国籍、性などの属性を有するマイノリティ集団もしくは個人に対し、その属性を理由とする差別的表現」と定義する。[*118] わたしに降りかかったのは、ジェンダーに纏《まつ》わるヘイトだ。

小学四年生ころから、わたしに降りかかる排除と屈辱が色濃くなり始めた。排除へのプロセスは中井久夫が分析した三つのプロセスと重なる。数多出版されているいじめを語る本の中で、一つ一つに頷きながら読み進めたのが中井久夫の著書であった。[*119] 温かくも鋭角な視点と考察には、実体験があるからこその真の願いが込められている。三つのプロセスとは「孤立化」「無力化」「透明化」である。

小学校では、あの模範的な少年山川がクラス内の「流れ」を手中にしていた。彼は正義の代弁者となり、わたしを嫌悪し、完全に無視した。それは本人に問題があるからという図式を説得力を持って示した。納得のいく理由とは、「女性的」、それだけである。排除されても仕方のない正当な理由として立ちはだかったのだ。教師の加勢を得、誰もが彼に同調し、追随する。直接的な行動をしない彼の下で、積極的な攻撃に出る者もいた。そしてときには教師がお墨付きを与え、孤立は日増しに深まる。

一挙一動を観察しては侮辱と嫌悪をわたしの顔に吐きつけた松田は、実はその容姿を揶揄されていた。「気持ち悪い」の標的を他にすり替えるためには、ターゲットを探さなければならない。「より下位のもの」がいることを確認するのは自らが支配の梯子を登るよりも楽であり容易であり、また競争とちがって結果が裏目に出ることがまずない」――この中井の指摘は的を射る。[*120]「より下位のもの」としての役割がわたしに強いられる。

この顔を、その造作の一つ一つを、この身体を、その仕種の一つ一つが執拗に批判に晒されるとき、自らの非を確信する。「自分はおかしいんだ」「みんなと違うんだ」、やがて人を自ら遠ざけていく。排除され孤立する。だが、放っておいてくれるわけでもない。一挙一動が監視の下に置かれる。それでも、閉ざされた空間以外に居場所のないこどもは、毎日「学校」に足を運ばなければならない。

そしてその場所は、同調的な言動が瞬時に拒絶に遭う場でもあった。自分はいっしょに冗談を言ってはいけない。「おまえは笑うんじゃねえよ！」。そう、笑ってもいけない。孤立はその色をはてしなく濃くしていく。無力感だけが残る。「言い返すことができない」「やり返すことができない」。それは細胞の一つ一つに刷り込まれた。

透明化のプロセスにおいて、逆に色彩を日に日に強めるのは心の傷である。

私立の中高一貫校に進学した松田が、高校受験の結果が出たころわざわざ連れ立ってわたしの家に来た。何ごともなかったかのように、罪の意識なども微塵もなく、わたしの進学する高校の名を吐いて帰っていった。「何しに来たんだ！」その背中に投げつけてやりたいことばがあった。だが、声にはならなかった。悔しさは、いつも遅れて湧き上がる。

登校した朝の中学の教室。是枝（仮名）の「気持ち悪いんだよ、あっち行け！」と吐き捨てたあの顔と声を、けっして忘れることはない。わたしはつくり笑いをうっすら浮かべて、その場を立ち去る。椅子に腰を下ろすと、屈辱感がわたしの目を潤ませる。これが人間としての尊厳を奪われるということだ。

それはすでに犯罪である。見逃され、裁かれることのない罪である。
安田浩一が見抜くように、「強い者にすり寄る。そんないやらしい処世術《しょせいじゅつ》」をこどもでも身につける。そして何を言っても反抗される恐れもない相手に、自らの鬱憤を晴らしていく。[*121]
弱い者への攻撃の中に、「誰かを憎んだり攻撃したくなるような人々は、なにかしらかの悲しさやむなしさ、やりきれなさ、怒りをかかえているということには気づきました」と、安田はその深層心理に言及する。[*122]いじられ、ときには暴力に遭っていた五十島という男子がいた。太ももに膝蹴りをくらいながら、半分涙目で半分笑っている彼の顔を覚えている。五十島のわたしに対する敵意と排除は露骨を極めた。自分に対する情けなさと怒りと屈辱の憂さ晴らしを、わたしに向けていたのではないか。それは彼一人のことではなく、少なからず存在した層であった。
ジェンダー・トラブルは、女子たちの露骨な嫌悪ともなった。身勝手な嫌悪をその顔と言動に思うままに表す榎木（仮名）はわたしの顔を見るたびに「吐きそうなジェスチャー」をして見せた。溝渕、浦野（ともに仮名）はねちねちと陰口や聞こえよがしの悪口を日々投げつけた。広い土地に一族が固まって住む金山の照子（仮名）は、視界に入ったゴミのようにわたしを見下した。小野田（仮名）は薄ら笑いを浮かべ、舐《な》めるように軽蔑を投げてきた。その執拗さ、陰湿さ、蔑みが、作りは異なりながらもどの顔も同じにしていた。だから、記憶に鮮明に在るのだ。それはこども時代に留まらなかった。30歳のころ、数少ないお世話になった、小学六年生の担任の守山先生を囲んでのクラス会のとき、照子は同じ態度を取っていた。大嫌いだったわたしが主催した会に来た理由は、あの一年が彼女のわずかな輝きのときであったからだろう。不愉快を超えて、滑稽に見えた。

一方には、けっして人を傷つけるような言動をしない女生徒たちもいた。彼女たちが品のある顔立ちと聡明さを共通して兼ね備えていたのは偶然であろうか。

小谷野敦が示した「いじめ」の定義を再度確認することは重要であろう。[*123]

学校・職場など毎日行かなければならない場所で、同級生、同僚、上司、また教師などに、主としてこちらは一人、あちらは一人から複数という形で、正当な理由なく、また大がかりな暴力を伴わずに、主として精神的な苦痛を、繰り返し与えられること。（114頁）

一般に流布している「いじめ」ということばのイメージの欠落を補っていよう。陰湿な蔑みも「いじめ」なのだ。そして蔑みを共有しようとする。

「見ろよ、男か女か、わかんないぜ。あいつ、気色悪いぜ、全く」
「あんなマトモじゃないの見ると、ぶん殴りたくなるぜ」
「頭足りねえんじゃねえかよ。とにかく、マトモじゃねえや」

美輪が浴びたことばである。[*124] どうして「奴ら」は、「見ろよ」と同調を求めるのだろうか。その謂れなき憤怒は連帯し、暴力を誘発する。

はるな愛が、楽《たの》しんごが、告白した。[*125] 映画『リリーのすべて』[*126]、女装した主人公はただ町中を歩いていて暴力に晒される。何の理由もなく、弱そうな者――「女性的男子」に絡みつく輩がいる。大学生だったある夜、友人と何度か行った感じの良い店主の居酒屋で待ち合わせをし、一人でカウンターの椅子に腰かけていた。誰とも話さず、おとなしく。唐突に隣に座っていた眼鏡をかけた痩せた男が仲間に同意を求めながら、絡んできた。「軟弱な顔しやがって、なんだお前は」と。何もしていない。呆然としながら、喧嘩をする度胸も持ち合わせていない。こうしたことは珍しいことではなかった。弱い者に対して、愚かな男は調子づく。『緋の河』の秀男が言った「ストレスの捌け口」か。このような状況で発生する侮辱、蔑み、暴力ははたしてどれほど問題視されてきたであろうか。

無力で孤立した人間のいる光景は、周囲の目には当たり前のようになる。透明化である。いじめが目に見えれば、教師は対処する。だが、わたしに向けられた「犯罪」は教師の目にも透明化していた。生徒間の序列や弱者の排除を当然のこととして受け入れる教師の意識が、不可視化に大きく貢献する。「女性的男子」の排除、攻撃、侮辱を問題化するような教師は一人としていなかった。お墨付きを与える教師はいくらでもいたが。当時の教師や学校がそれによって咎められるのではない。「振り返る」目的は、これからの課題を明確にするためである。

わたしは元中学教員で校長経験のある二人へのインタビューにおいても、序列や排除を黙認する共通の姿勢を感じ取った。ここでも批判の対象として取り上げるものではないことを付言する。

中学三年生の担任であったY先生は、快く聴き取りに応じてくださった。待ち合わせた駅の改札に現れた先生の風貌は、変わらず紳士然としていた。彼は、現在のあきる野市に疎開し、小学校一年生で終戦を迎えた。1962年から中学校の英語教師の道を歩んだ。わたしが卒業した中学に赴任したのは1967年。担任となったのは71年のことである。当時を振り返る彼は、「教師に対する敬意が生徒にも親にもあり、落ち着いた時代」であったと語る。「父は仕事、母親はおおらか」「いじめ、登校拒否という言葉も話題もなかった」と。[*127]

後日、先生は「昭和47年前後の東田中学校の状況」と題したメールをくれた。その一節にこう綴られていた。

生徒間のトラブル（いじめ、不登校、非行化、校内暴力等）が、職員間で話題になった記憶はありません。もしもこうした状況があれば、少なくとも臨時の「学年会」を開催しています。また、こうした状況を踏まえて保護者に来校を要請したり、家庭訪問をした記憶はありません。

見えていない。人権侵害はなぜ平然と看過されたのであろうか。もはや衝撃が薄らいでいた阿佐ヶ谷住宅、次々と姿を消したゴミを囲む集落、町に溶け込んでいった部落に関しても、彼の記憶は遠い。彼には家庭間格差も見えていなかったのだろうか。そして、

どのグループにも入れてもらえない、いわば仲間外れになる生徒がいます。当時の状況を思い出してみると、こうした生徒が存在していた記憶が全くありません。多少の感情の行き違いがあったかもしれません。また私個人の神経の鈍さから気付かなかったかもしれません。

生徒間格差もその視界には捉えられていない。たしかに中学では完全な孤立ではなかった。似たような連中がグループとなり、身を置けるグループを見つける。グループの相互の関係は希薄になっていた。大人社会への接近を示すものかもしれない。グループ間の序列は歴然とあり、ときにチンピラに絡まれる。社会でのごくありふれた光景に近い。

中野区立富士見中学の男子生徒を自死に追い込んだ事件は、1986年である。*128 彼の場合は、いじめ加害者のグループに属していた。わたしと同級だった柳（仮名）という男子生徒を思い出す。何とか上位のグループに入ろうともがくが、その中でパシリとなる。壮絶ないじめには発展しなかったが、似た様相を呈している。

Y先生の記憶は続く。

女生徒の異性に対する関心は男子よりは早く芽生えてくるのは今も昔も変わりないようです。二年生の時に、菅平学園で2泊3日の「移動教室」がありました。貴方も記憶されていることと思います。私も食事時の準備を担当することになりました。食器類を各自の席に配る仕事がありました。この時、「好きな人の席に食器を配布してもよい」といったところ、女生徒が嬉々として、争うように動き回っていた光景が今でも印象的です。

微笑ましい一場面なのだろう。配膳の擦り合いはなかったか。表裏一体、裏の闇は葬られる。淡い憧れの思い出とは無縁の中学生がそこに居たことを。教師の目に映ったのは平穏な生徒の世界である。平穏の向こうに苦悩が日々蓄積されている。

もう一人の校長はS先生である。[*129] 目を細めた笑顔は、数多の生徒を育てた厳しくも温かい人柄を伝える。彼は1971（昭和46）年に教員となる。わたしは「スクールカースト」ということばを投げてみた。いじめにも熱血の対処をした校長も、「カースト?」と首を傾げる。カーストということばが過酷な身分制度を連想させることも一因であろう。だがここで再び、さまざまな要素から出来上がる序列を当然のことと受け止める視線が見えないだろうか。カーストということばは回避してもよいだろう。だが、生徒間の序列、それに伴った差別・侮辱・排除といった歪みは、「あたりまえ」と看過されてきたのである。

S元校長が現役校長時に、いじめをなくすために取り組んだ実践記録を見せて頂いた。いじめに対する原因究明と対策の提示には、一つの中学の実践の域を超えた、より広く一般的な当時の教育観が反映されているといってよいだろう。いじめが深刻な教育問題となり、現場の教師が多忙を極める中で、議論を重ね、具体的な提案に至った経緯は高く評価されるべきものである。しかし同時に、いまの目でクリティカルに読むことは有益である。一つの過去の実践が未来を拓く可能性を秘めているからだ。

第一学年担当教諭の報告がある。

進路指導として取り組む『いじめ克服のプログラム』―杉並区立東田中学校第一学年の実践―

F教諭　1997（平成9）年2月7日

ここで問われるものは、行為・現象としての「いじめ」だけでなく、「いじめ」の根底にある「いじめ」る側の価値観そのものにある。学歴偏重・競争社会の中で形成された、生徒たちのもつ様々な価値観。彼等の社会観、歴史観、労働観、等々を背景に、「いじめ」を許す、あるいは「いじめ」をする自分の心を彼等自身にどう見つめさせ、切り込ませていくのか、その事が問題になってくるのである。だから、「いじめ」問題への取り組みは、自己理解であり、自己変革であり、その意味で優れて進路指導的なものであると考える。（8頁）

いまのわたしの眼差しに、疑問が生まれる。学歴偏重、競争社会にいじめの原因を見ることで、はたして十分であろうか。いじめの原因と現象は単純化を免れていない。それではジェンダー逸脱によるようないじめは、その範疇からすっぽりと零れ落ちてしまう。また、競争社会を批判しながら、スポーツでの勝敗という競争は一切否定されないままである。勉強という要素だけに不公平を当てはめるという矛盾も呈している。

さらに教育委員会から研究奨励校と命を受けた報告書には、わたしには咀嚼《そしゃく》できない二つの語が大手を振って歩いていた。「個性」と「ボランティア」。自己を見つめなおす。ボランティアをする。大切なことだ。たとえばお年寄りに親切にすること、それが生徒の人間形成に有益であることは疑いないだろう。だが、学校空間の中の序列や排除にどのように影響するというのであろうか。

『平成8年度 杉並区教育委員会研究奨励校 研究紀要』に、教育長のことばがある。『研究主題 生き方を考える指導のあり方―「いじめ」追放への取組からボランティア活動に向けて―』において、「心身に障害のある方や高齢者の方々の真摯に生きていく姿をみて」と述べる。そこに、やさしさを向ける対象は限定されてしまう。手を差し伸べるべき弱者と自己責任を追及される弱者、弱者は分断されてしまう。

S元校長の研究紀要のことばに目を転じよう。「……同質志向を排除して個を大切にし、個性を尊重する態度やその基礎となる価値観の育成を掲げている」と、1995（平成7）年中央教育審議会「第一次答申」に言及する。「同質志向を排除して個を大切に」すると言うが、たとえばひとたびスポーツが始まれば、あるいはホモソーシャルな集団に投げ込まれたら、一瞬でどこかへ飛んで消えるのはいまも変わらない。同質志向——誰が押し付けているのか。こどもに最初から備わっているのであろうか——何がいかなる理由で導いたものなのかを、歴史的にあきらかにすることが求められよう。異物を排除した後の同質志向の排除であってはならない。すべての個が等しく扱われてはいないことを、この身が切られるほどに思い知らされている。同性婚も夫婦別姓も頑として認められない現実を前に、第一次答申のことばは再読に値する。

そして個の尊重は、民主主義の原点へと繋げられていく。「1主題設定の理由」には、「……世の中には、様々な考えをもった人々がいて、様々なハンデを有する人々が生活している。異なった価値観を認め合い尊重し合うことが、民主主義の原点である。そんな世界を自分の心と体で知っていく経験こそが、広い意味での世の中の「いじめ」を克服していくために必要ではないかと考える」（第一学年の実践2頁）、「……地域での活動から社会への活動へ自分の体験を拡大していくために、……ボランティア活動を位置付けたのである」と、括る。「異なった価値観を認め合い尊重する」、そのための教育がボランティアへと着陸する。そして個の尊重を民主主義の原点に据える。

この実践から20余年の歳月が経っている。民主主義は成熟し、あらゆる個は潰されることなく尊重される時代を迎えているのであろうか。認められる個と認められない個が存在してはならない。差別され、人格を否定される存在が消失するところにこそ、民主主義はある。

報告の中で、わたしにはどうしても納得のいかない文言に遭遇した。「(2) 展開」(紀要16頁1997(平成9)年2月7日)の、「いじめた側の彼等(もちろん全員ではないが)も苦しんでいること も、また事実なのである」という部分に、「いいえ」と断言しよう。わたしをズタズタにした言動の発信者が、その行為によって一瞬たりとも苦しんだとは想像し難い。わたしの存在すら、記憶から消えていよう。双方の気持ちを慮《おもんぱか》るという姿勢には顔をしかめてしまう。

過去の資料を丹念に読む。そこに現代の視点からの批判が入り込む余地はない。だが、過去の資料との対話は、いまのわたしたちに認識の誤りや未解決の課題を教示する力を有しているのだ。

ジェンダーと個という問題に立ち戻ろう。数少ない大胆な実践として挙げられるのは、東京都ではじめて公立中学校の民間人校長を務めた藤原和博のものである。「よのなか科」という授業に、ジェンダー・セクシュアリティの研究者であり、自身がトランスジェンダーである三橋順子を講師として招いたのだ。ジェンダーの枠組みを超えた強烈な個を、藤原は中学生に向かい合わせたのである。さまざまな個の尊重を思考させる試みといえよう。

## 2節　壊された少年 ― 後遺症を背負って

〈鮮やかな今〉

また人が去った。あっさりと「キラれる」。その繰り返しだ。人間関係を築く術を知らない。一方で親しくなりたいという思いが、迷走する。自分を分かって欲しいと甘える。そして波の如くに繰り返し押し寄せる自己否定と自己嫌悪に、その身を削られていく。残された悔恨が他者への不信感と攻撃性に化す。その逆襲にたじろぎ、臆病に立ちすくむ。その姿に嫌悪と否定は上塗りされる。

そしてまた、悔しさの反芻に眠れぬ夜を過ごす。

朝日新聞にいじめの被害経験を語る連載があった。「霜降り明星」せいやさんの記事には、「早く人気者になりたくて、……「なんやあいつ」みたいになりました」とあった。[*130]

いじめ、多様であろう。だが、何もしかけていなくても、ありのままの自分という存在が、数年にもわたり否定と排除の中に置かれるという状況と混同していいものであろうか。このシリーズで複数受けた印象である。

中井久夫は言う。「いじめは、その時その場での効果だけでなく、生涯にわたってその人の行動に影響を与えるものである。殺人は犯罪であって、軍人が戦場に臨んだ時にだけ犯罪でなくなることはよく知られている。いじめのかなりの部分は、学校という場でなければ立派に犯罪を構成する」[*131]と。

生涯にわたって、それはその人を苛む後遺症を引き起こすのである。

いじめ後遺症に早い時期から着目していたのは、精神科医の斎藤環である。「過去にひどいいじめを受け、それがトラウマになり、成人してからでもひきこもり、うつ病、自殺につながることがある」[*132]と指摘する。精神科医滝沢龍が中心になって進めたコホート研究で、イギリスの7歳から11歳までの間にいじめ被害を経験した約8000人に対して実施された追跡調査の概要は以下である。[*133]

目的

著者はこども時代のいじめ被害の中年期に残る影響を検証した。

方法

著者は7歳から11歳の間にいじめを経験したと親が報告し、23歳から50歳の間に追跡調査に参加した7771人からデータを検証した。

結果

こども時代にいじめられた調査対象者は、23歳から50歳時に精神的苦悩が増し、うつ病、不安障害、自殺傾向においていじめを経験していない人よりも高い割合を示した。また、50歳時に社会性の欠如、経済的困難、低い生活の質と関連性があった。

結論

いじめに遭ったことも、とくに頻繁な場合、およそ40年後に社会的、健康的、経済的に恵まれないというリスクに在り続け、犠牲者の幸福の長期的効果を最小限にする。このような調査による介入は、表面的な一連の過程に光を当てるはずである。

斎藤は「当事者はいつまでたっても癒えない生傷を心に抱え続けているんです」と、実際の臨床においていじめ被害者を捉えている。[*134] 少し長くなるが、彼のことばを引きたい。

いじめられた経験が心の傷になり、人と関わることに恐怖、不安感を抱きます。特に同世代の人に強い恐怖感を覚え、人付き合いが苦手で、職場にもなじめず生きづらさを覚えている人は少なくありません。いじめを受けて10年、20年たってから病院を受診してくる人もいます。最悪の場合、自殺にいたるケースもあります。（中略）また、被害者がいじめられた体験を言いたがらないことも原因のひとつだと思います。自ら隠しておきたいことですし、たとえ、言ったとしても周囲は「そんな昔のことをいまさら言っても仕方がない。忘れた方がいい」といった態度をとることが多く、さらに傷つくこともあります。

「今は前とは違うんだ」と何度も自らを鼓舞し、忘却をも試みた。だが、他人《ひと》の何気ない差別的言動は、再びわたしの抱えてきたトラブルを思い出させる。まるで「忘れてないよね?」と言わんばかりに。なぜ、他人はこれほどまでに女性的ということに敏感であり、指摘せずにはいられず、そして嘲るのだろうか。

すべてを加害者の責任にしようとしているわけではない。自身の性格、生育環境も作用していよう。ただ、この歯車の回転が狂い始めた要因の中で、もっとも強力な影響力を持ちえたのは、学校での人格否定にあることは疑いない。

自己否定——それはもっとも大きな傷跡である。気持ち悪いと言われ続け、身体のすみずみまで取りざたされた。顔つき、唇、色白、小さな手と足、……。自分の生まれ持った肉体を幾度も恨んだ。身体に突き刺さる屈辱は毎日、毎日、何年も、何年も続いた。そして完了形には至っていない。

上手く伝えられない思いを、中井がことばにしてくれている。*135

「自分は○○だからいじめられても仕方ない」「自分はみにくい、魅力《みりょく》のない、誰からも好かれない、生きる値打ちのない、ひとりぼっちの存在だ」と、だんだん思い込《こ》むようになってしまいます。

わたしは生涯こう思い続けている。わたしを誉めてくれたり、評価したりしてくれる人は皆無に近い。この教訓は棘のように身体中に食い込んだままだ。沈黙の中に、自己を否定し、誇りも消え失せる。わたしはいつしか何を言われても仕方ないと思うようになっていた。これだけ多くの人が言うのだから、「わたしは劣っている」のだろうと。

孤立、無力、無抵抗、臆病。哀れなサンドバッグである。性別が男性であるがために、待ち受けるのは強さと力が支配する男社会である。尹雄大が『さよなら、男社会』の冒頭に挙げた特急あずさの出来事に、大きく共感した[*136]。人を人とも思わない横暴に幾度遭遇したであろうか。弱そうな男に対してそれは振るわれる。彼らの頭の中には「男のくせに弱い、ナメラレルお前が悪いんだ」と、自分の言動を省みる余地など微塵もない。

中塚幹也が注目した自尊感情・自己肯定感の低下という問題は、性同一性障害というカテゴリーに限定されることなく広く共有されねばならない[*137]。

自己否定に塗れた人間にとって、他者との関わり――人間関係は、最大の難題となる。他者に対する回避的傾向。そして少しでも親切にしてくれる人に対しては、弁《わきま》えるべき線を越えて甘える。適切な距離感を保つことができない。そこに、良好な人間関係は構築を見ない。やがて社交不安に陥る。社交不安障害とは、「人とかかわる場面において、不安や緊張が強いために、社会生活に支障が出る状態」と岡田尊司は定義する。[*138]

発症リスクを高める体験的要因の一つとして、岡田はいじめを挙げる。さらにその理由として、「いじめの被害に遭うことにより、人に対する恐怖感を植えつけられるだけでなく、自分は人から嫌われているといった否定的な自己像を形作ってしまうから」であると述べている。[*139]

恐怖感、否定的自己像はわたしを貝の中に閉じ込める。自己否定は人前で話すこと、何か意見を言うことを怯えさせる。授業、集まり、会議、そして飲み会でさえも、一言も話さずに終わり、後味の悪い帰途は数えきれない。

それでも、事無く帰宅できたときは幸いだった。飲酒は「生きる」困難が詰まってしまったビンの栓を開けてしまう。アルコールはわたしを時に饒舌な別人にする。「人と楽しく会話ができている」「親しくなれるかもしれない」。酒の力を借りた一時の高揚は、やがて節度を見失わせ、怨恨や嫉妬に塗れた泥酔に至る。翌日の不快感の中で、自己嫌悪が入道雲のようにムクムク大きくなる。幾度、こうした過ちを繰り返したことか。この愚行から卒業できたのは、50歳を前にしていた。

このような人間と付き合う人がいないのは当たり前だ。面倒であり、迷惑である。社会人としての自覚に欠け、時には共有された「常識」に敢えて抗っているようにさえ見える。当然の末路は職場での居づらさとなる。幾度転職を繰り返しただろうか。どの職場でも、「正義」の仮面を被った偽善と自己顕示欲の斧がわたしのような人間には振りかざされた。

ジャーナリスト池上正樹は後遺症の事例として、学校時代のいじめ後遺症に今でも苛まれ、仕事が長続きせず退職を繰り返す男性の事例を挙げている。*140

彼はまた不当な暴力も記憶している。「小学校時代、スイミングスクールにも通っていた。泳ぐ順番を間違えただけでコーチから激怒され、平手でパシッと叩かれた。そのコーチは、何か恨みでもあったのか、ストレッチになると無理やりAさんの体を曲げて押さえつけた」のだ。

小学生のわたしは、床屋で散髪されているときに理容師に頭を叩かれた。ただおとなしく座っていただけなのに。中学生のとき、訳もなく用務員の若い男に頭を叩かれた。注射のあとに、教師の指示通りに脱脂綿をゴミ箱に捨てようとしていたら、蓋が開かずもたついていると、国語の男性教師がわたしの頭を叩いた。「何やってんだ、お前は」と。どこに叩く必要があるのか。そしてその教師は、あきらかに暴力の対象とする生徒を選んだ。どれもが同じ所作だ。上から手のひらで頭を叩く。そしてもう一つの共通点は、弱そうな男子を相手にすることだ。あの通り魔事件の被害者も皆加害者より年少の男子であった。

男という同性間の暴力が止むことはない。被害者は弱い男である。より弱い餌食を探す男どもが在る。

あの温かく包んでくれた男性の腕はすでに消えていた。男子、男性は暴力的であり、弱いターゲットに狙いを定める虚勢の弱虫の群れとなった。

「大声を出されると、頭が真っ白になって、やはり身動きできなくなります」（同上）と、事例の男性の経験は続く。

1979年、大学四年時は第二次オイルショックに翻弄されたときであった。なかなか自分の進路を決められずにいた。現実と架空の狭間で葛藤していたこともあった。就職相談室という名の場に足を運んだ。煮え切らないわたしに腹を立てたのか、その高齢男性は怒鳴り始めた。目の前のあまっちょろい学生にむかついたのだろう。思えば、男性のこの態度がその後ずっと職場でわたしが受ける男性からの叱咤の始まりであった。

一所懸命にスタートしても、またしてもあのときと同じようなことばを浴びせられ、あのときと同じような気色の悪いものを見るような視線を投げられた。おとなに成長しきれず、「男として」の逞しさなど微塵もなく、人間関係を構築できない。もはや致命傷であり、企業が必要とする訳がない。ほんの数か月で会社を辞めた。

そして、これならと教師になった。面倒見の良さとやさしさがそれを可能にしてくれるだろうと。こどもの残酷さを忘れていた。希望を胸に新任教師として勤め始めた私立の男子校でわたしにつけられたのは、「スケ」という仇名だった。そして、99％を男性が占める教師集団による過酷な扱いだった。ここでも再び萎えた。

男子校から公立の女子高へ、そして共学の公立高校へと逃避行は続いた。言わずもがな。同じであった。架空の世界の自分に勘違いし、いつしか現実を忘れ、夢を描く。その度に、冷水を浴びせかけられた。一人がもう一人に耳打ちする。そしてわたしの顔を見て小さく噴き出す。夕食後の休憩時には、「今日、オカマみてーのが喋ったぜ」とあきらかに近くのわたしの存在を知りながら言う者もいた。これが明日は教師になる新人教員研修合宿の中の出来事である。トイレの鏡が映した女のような顔に、いくど目を背けたであろうか。

顔の造作はどうにもならない。色白を隠そうと男性用の褐色のファンデーションを塗ったこともあった。茶色の汚れが付いたシャツを脱いでは、自己を嫌悪した。

そして、私大付属の男子校へと行きつく。節度ある生徒が多く、生徒からの指摘はそれほどなかった。だがそこに待ち受けていたのは、教員野球を仕切る痩せた男だった。彼は不快感を露に、足元から顔へと嫌悪の視線を走らせた。酒臭い息を吐きながら、執拗にわたしを追い込んだ。それが仕事からの逃亡となり、やがて孤立し、教員の中でいじめと排除という仕打ちを受けることになった。彼が正義であり、わたしは孤立し、無力で無能な教員という烙印を押された。わたしが「きちんとした」勤務を怠るようになってしまった事実は否定しない。しかし教員集団においても、一度ターゲット化すると、浴びる視線は極めて厳格で敵意に充ちたものとなる。わずかなミスでも、わたしの場合は大騒ぎとなる。もっといいかげんででたらめの教員がいたが、咎められることはない。ターゲットのミスを待つ。どんな小さなミスも許されない。この強迫に苛まれた。来る日も、来る日も。退職して15年が経つというのに、わたしはこの職場でミスの修復に奔走する夢を繰り返し見ている。最近、小学校での教師による教師へのいじめが発覚した。まったく驚くことではなかった。無能扱いというじめはけっして珍しいことではないのだ。

もう一つ、わたしを悩ませ続けたのは、部活の顧問であった。これはいずれの学校にも共通し、男性若手教員が過酷な運動部系の顧問を強制された。陸上部、ラグビー部、バスケット部。このわたしがどうやってラグビー部を担当できようか。普段はその女性的容貌を誹謗する男性教員たちも、顧問の分担の時だけは男性教員として扱い、大変なところから押し付けてきた。未経験のスポーツの顧問となり、土曜も、日曜も付き添わなければならない。バスケット部に至っては、指導に情熱を燃やす監督である男性の決定で春夏秋冬の4回の合宿に付き添わなければならなかった。自営業の彼はこの合宿を何よりの楽しみ、いや生きがいとしていたのだ。合宿中は毎晩、満足げに酒を飲んでいた。酔いも回ったころ、隣の部屋からわたしへの罵倒が聞こえた。中途半端な顧問は苛立ちでしかなかったのだろう。このような顧問でも、試合や練習の後にいつもコメントするのが慣例であった。素人の飾り顧問のアドバイスなど、誰が聞こうか。彼らが求めているのは監督からの助言であろう。そして、生徒からは「やる気のない顧問」として罵られる。スポーツ男子からのわたしへの嫌悪は酷いものであった。この部の顧問に任命したのは、あの野球好きの教師であった。

自らも経験があり、ともに楽しめるものならば部活顧問のやりがいもあろう。自分の教科の指導、担任としての役割に誠実に取り組むだけでは教師として不十分なのであろうか。教科指導、担任としての指導に意欲と能力を持とうとも、強制的な部活の分担と時間的拘束は教員志望者を躊躇《とまど》わせはしまいか。

いまようやく部活顧問の負担が問題視され、教員の声が取り上げられるようになった。聖職という名の下に、そして保護者の要望に応えるサービス業化する中でその過酷な負担は看過されてきたのだ。生徒の個性の尊重を飽きるほど語りながら、教師の個性などまったく顧みられることはない。部活顧問は希望制とし、教員の配置が無理であれば外部委託、もしくは肥大化した部活動を縮小すべきである。

50歳を前に、わたしはようやく脱出した。教員野球、部活から解放された。そこに授業への情熱が甦った。授業のための教材作りや準備の時間を確保することが可能になったのだ。

しかし、過去というものがわたしを解放することはない。フラッシュバックの度に、行き場のない恨みが彷彿とする。わたしにとって彼の怨恨はわがごとであった。それは「海底の君へ」*141の主人公である。

茂雄（藤原竜也）は万引きを強要された少年・瞬（市瀬悠也）をかばい、その姉・真帆（成海璃子）に出会う。ある日、パニックを起こした茂雄は真帆に救われ、中学で受けたいじめの後遺症で苦しんでいることを告白する。二人が関係を深める中、瞬がいじめを苦に自殺未遂を起こしショックを受ける茂雄に、かつてのいじめ首謀者・立花（忍成修吾）が「いじめがなくなることはない」と言い放つ。心に傷を負った茂雄は過激な行動を起こす。

主人公はつぶやく。「軽い気持ちで人を傷つけることが人の人生をどれほどめちゃくちゃにするか」

と。いじめは人生を壊すのだ。

すでに65歳を過ぎた。しかし、一つ一つの屈辱の記憶は薄れるどころか、過度のおさらいによってその輪郭を濃くする一方である。行き場のない怒りや恨みが時として無関係な今に暴発し、トラブルの中にいることとさえある。それがまた悔いの反復を来たす。

いまだに自己を肯定することはできない。その不安定さが、こころとからだを揺るがす。「……私のように初老期までその影響に苦しむことを繰り返さないように、各方面の努力を祈る」と、中井が声をかけてくれた。[*142]悔恨の嗚咽の中の語りが、たとえ僅かでもその努力の一つになることを願う。

中井の著のあとがきに、ふじもりたけしのことばを見た。「人格上の欠陥とみられてきたことが過去の事件によるものだと明かされ……[*143]」、自分だけを責めなくてもよいという救いを、この短いことばの中にわたしは見出す。

排除と寂しさの中で、どれだけ笑みを奪われただろうか。ふと気づけば、ほとんど笑うことのない自分の生涯が見えてくる。後遺症はいつも現在進行形である。

## 3節　残された時間 ― 多様性と寛容を備えた社会に向けて

声を届けたい。精神科医香山リカに賛同する。[*144]いじめや差別を「仕方ない」とする見解にわたしも異を唱える。もしかしたら、同じような苦しみを抱えている人がたくさんいるかもしれない。それが少しでも緩和されるように、いくつかの提言を試みようと思う。

「女性的」ということばが「軟弱な男」「同性愛者」という揺るぎないほどの連想を帯び、スティグマ――謂れなき差別と偏見――を背負わされている。そもそも「軟弱」も「同性愛」もけっして逸脱や悪ではありえない。そして「女性的」「女っぽい」といったことばは、ジェンダー区分に惑わされた差別的な語にすぎない。

**先生たちへ**

あのころ、親よりも長い時間を過ごしたのは、学校の教師と同級生であり、その空間に否応なしに拘束されていた。孤立した生徒が縋れるのは、先生しかいない。しかし、その先生たちですら、「女性的男子」を嫌悪の対象とする傾向が強く、ときには侮辱を先導し、排除にお墨付きを与えることもあるのだ。

軟弱さへの嫌悪や男性が「女性の特質」を備えることへの不寛容は、男女を問わず教師にも見られる傾向ではないだろうか。女性教員の中には、わたしのような男子のまじめでおとなしい学習姿勢を認めてくれる先生がいたが、とくに自らも厳しく強さを求められることの多い男性教員に嫌悪と不寛容は顕著である。これがこどもへの配慮を怠らせている要因の一つであると考えられる。ここにも男性性が孕む問題があろう。

元校長への聞き取りの中で共通して感じたことは、生徒内の序列を当然として受け入れていることであった。侮辱や排除の中に置かれて底辺にある生徒への眼差しを感じることはなかった。これはこの教師たちに限ったことではなく、一般の傾向であろう。

とくにジェンダー・トラブルにある子に対する排除は徹底し、屈辱は過大なものになる。ときには教師が先導し、加担する事例も多い。まず、教師になる人がもっとジェンダーやセクシュアリティを学ぶ必要があろう。教師が、あるいは部活の指導者が既成の枠組みに収まってはならない。教職課程において、このような科目の充実が望まれる。

わたしは大学で、ジェンダーをテーマにした科目を担当した。「男らしさ」「女らしさ」を再考することから始め、「少女」や「少年」の歴史的構築、文学とジェンダー、性暴力、性的指向と多岐にわたるテーマを取り上げたジェンダー学入門である。学期の最後にはドラァグクィーン[*145]のエスムラルダを迎え、パフォーマンスを観たり、質疑応答などを行った。受講希望者は100名定員の何倍にもなり、前後期に開講した。学生のアンケートには「はじめて休みたくない授業に出会った」「希望が持てた」といった感想が寄せられた。だが、数年の実践の後、この科目は消えた。否、消されたのだ。そもそも前任者の急な辞職に伴いわたしが引き継いだものであったが、何の連絡もなく、運営陣と事務局サイドが閉講を独断したものである。リベラルアーツの科目の縮小が狙いであり、その基準は「実務的有効性」である。授業アンケートに躍起になりながら、そしてそれを教員評価や給与に結びつけながらも、学生の真の声を聴いてはいない。評価されるのは、就職率の良いゼミの教員、キャリア教育の教員、教員採用試験合格者を増やした教職の教員。多様性を流行りことばのように多用しながら、そこに実態は伴っていない。大学のサバイバルは生易しいことではないだろう。しかし、大学における教育は就職率に支配されていいのであろうか。切り捨てる中に、失うものが大きい。大学の教室の窓は全開不能となった。近隣の国立大学で相次いだ飛び降り自殺を受けてのことである。予防は窓を開かなくすることであろうか。心の窓を開かせることではないのか。わたしには実利、効率を追い求める風に抗えない学生の姿が重なる。

「(ジェンダーの諸問題に) 気づいてもらうチャンスを提供し、次に考えてもらう時間、そして身体性と会話でもって体験するという自己変革をする時間」とジェンダー教育の意義を述べたのは、森脇健介である。[*146]

教師に願うのは、ジェンダー・トラブルの中にある子の長所や優れた能力をより意識的に他の生徒の前で評価することである。否定の連打に遭うとき、先生に褒められたことが、たとえ年に1回でも、その湧き上がる喜びが嬉しい記憶となった。自分が「肯定」される。それは当事者にとっては生死に関わる出来事なのだ。枯渇した自己肯定感に、僅かながらも潤いがもたらされる。それが「生きる」力となるのは、けっして大げさな語りではない。在宅クリニックの院長である小澤竹俊の「心から認めてくれる誰かとのつながりは、『これで良い』と自分の存在を認め、『これで良い』と自分の存在を許してくれる確かな力になる」ということばに、まちがいはないだろう。[*147]

認めてくれる先生には、相談ができるのだ。「教師は訴え出る相手ではない」という壁の前に、弱いこどもは行き場を失う。そうではない先生であってほしい。そのためには教師に余裕がなければならない。労働時間や担当生徒数の削減により、授業と生徒により多くの時間を割けるようにすることが急がれる。職務に追われ、放課後も休日もないような中で、温かな眼差しを用意できようか。教育者和田慎市が提言する、いじめの発見・対処を怠った教師（学校）への罰則はその後であろう。[*148]

一方で、先生たちの理解が十分とは言えない現状がある。みんなから嫌われ、はじき出されている子にとって、唯一無二の救世主なのだ。序列・排除に対する黙認は容認である。現場の教師が排除や侮辱の中にいるこどもの存在に気付くことを強く期待する。それは一人の人間の一生を左右することができる仕事といえよう。そうした観点からも、教師という仕事の専門性がもっと評価されなければならないだろう。

### 家庭へ

みきこさん（仮名）も、そんな女性だった。卒業して高校に通っていたころ、反対のホームに彼女は立っていた。目が合ったら、綺麗な笑みを一つ投げかけてくれた。とってもうれしくて覚えている。好き嫌いや自己中心的な態度で嫌悪を露にすることはなく、〝笑み〟を投げかける。きっとそれは彼女の家庭環境にあったにちがいない。彼女のお母さんが病休の教師に代わって教壇に立ったとき、わたしはその授業が大好きだった。凛《りん》とした立ち姿、そして滲み出るやさしさがチョークの音に乗って伝わった。

一方で、露骨な嫌悪をぶつけなくてはいられないような女生徒が少なくなかったのは既述の通りである。高校入学後の朝の電車で偶然一緒になったわたしに、「あー、気持ち悪い」と屈辱を放り投げてきた榎木との違いは何であろうか。他者の気持ちを、相手がどのように感じるかという想像力、そして広い心を育む家庭環境とそうではないそれとの違いではなかろうか。それが二人の分岐点ではなかったか。こどもが保護者のどのような言動に接して成長するか。その重要性を改めて訴えたい。

## 教育制度へ

それはまさしく「無法地帯」であった。こどもの世界には法の適用がない。

一人の人間がひとでありながら、ひととして扱われない。その現実は生徒に、教師に見逃され、加害者と被害者の構図が浮かび上がることはない。毅然とした法の介入を望みたい。被害に遭っている生徒に、いつ、どこで、誰に、何を言われたか、無視されたか、仲間外れにされたかを克明に記録させる。低学年からこうした習慣を身につけさせる。こどもの訴えに真摯に耳を傾ける。その真偽は回数、日々接している教師の証言によって確かめうるだろう。そして当該の、すなわち侮辱的な言動をした生徒を追求する。

加害者には処罰がなされる。人を侮辱したり、排除したりすることがどれほどその人を傷つけるのか。ときにはその人の生を奪う可能性もあるということを、しっかりと自覚させる。何より、相手の気持ちに対する想像力を促す。精神的苦痛を理解させるような徹底した指導が、保護者も含めてなされるべきである。処罰と謝罪が明確に行われなければ、その傷が癒えることはない。こじれた心が一生回復を見ない例も多い。きちっと罰せられること、たとえ暴力という目に見えた形ではなくとも、人を侮辱するという行為の重大性をこどものころに叩き込むことが、将来にわたって重要になろう。

「訴える」ことができる場を、人を、制度として確立する。暴力だけではなく、暴言、侮辱に対する厳罰が求められる。暴言、侮辱は暴力に匹敵する罪悪であり、人権侵害に相当するという教育が必須なのだ。

現実には、いじめていた側は後々も非難されることは少ない。かたや、受けた側はその傷を一生引きずっていく。後遺症による社交関係の欠如、経済的困難、生活満足度の低さなどは、すでにコホート研究に見た通りである（本書136―137頁）。これだけの不公平が見逃されてはならない。

本来は学校が「心地よい居場所」でなければならない。そのための教育環境の変革が望まれる。

## メディアへ

女装というトランスをする岡部鈴が浴びた雑言は、日常に溢れるのだ。「誘導員は、私の顔を見るなり、すれ違いざまにこう呟いた。「うわっ、気持ち悪っ」。そんなに私の顔が、その誘導員に気持ち悪い思いをさせたのだろうか？　私は化け物なのか？」[*149]。彼は疑問を投げかける。情緒的で細やかな振る舞いが女性だと「女性らしい」、それが男性なら「女々しい、気持ち悪い」と嘲笑される。[*150]

岡部の経験が物語るように、人々の頭にはジェンダー規範の逸脱に対する強い差別と深い偏見が埋め込まれている。そしてそれに対するメディアの影響力をも見逃すことはできない。

『おっさんずラブ』のように、セクシュアリティに関して既成のテレビドラマの概念を壊す番組も見られる。[*151]　男と男の恋愛である。また教師が女装しているドラマも登場した。[*152]　ジェンダーの逸脱やトランスを嘲笑の的とするのではなく、尊厳と幸福を映して欲しい。恋愛も異性愛を絶対化することなく、性別を超えた人と人との愛に転ずればいい。性的指向が限定的な恋の物語にだけ輝きがあってはならない。

**そして、あなたへ**

誰にも得意なこと、好きなことがある。どんなに小さなことでもいい。わたしが得意なのは、「地味な努力をこつこつと続ける」こと。厭世と怠惰の大学生時代にそれを忘れかけたこともあるが、働きながら学ぶ過程で、わたしは再びあの小学六年生の夕暮れ時の机に戻った。以来、細々とではあるがこの歩みだけは止めたことはない。友や仲間というものに縁遠いことで、そのための時間も確保しやすい。

その地味な努力のほとんどが徒労に終わったかもしれない。あるいは、「あのドラマの主人公のような男性になる」という目標に向かっての努力のように、報われることも少ない。しかし、スポーツなら少し上手になったり、書道の作品を仕上げたり、自分の研究を続けたりと、わたしの中で小さなプログレスが喜びに変わる。

誰かに褒められたり、評価されたりすることもほとんどないが、それも疾《と》うに慣れている。同じことを、あるいはそれ以上のことができても、教師にも同級生にも認められることなどなかったのだから。日々否定されて生きてきた自分を、自らが肯定していく。たとえ僅かな歩幅でも、進歩は自己肯定感に結びつく。あなたの中にある潜在的な能力までをも奪われてはならない。自己を肯定する気持ちの芽生えは、わたしに少しの力を与えてくれる。一回きりの「生」を、台無しにしないために。台無しにされないために。

「日常生活に埋め込まれたマイクロアグレッション」——人種、ジェンダー、性的指向などのマイノリティに向けられる無意識の差別である。そこにジェンダー逸脱も付加されよう。そして小さくも大きく人を傷つける攻撃に無抵抗な自分に、一つ一つ決別していこうとしている[*153]。

「女性的」という形容に怖気づくことも止めよう。やさしい容貌と性格が「わたし」なのだ。そこに、自然な自分が帰る。薬に頼らずに眠りに落ち、心療内科に足を運ぶことなしに、この夏を過ごせた。それは自分らしくあり、自分のままであり、自分を受容したことから生まれた芯であるのかもしれない。

一つの奇跡が訪れた。書道という趣味を50年ぶりに再開したわたしに、親しい友人ができたのだ。同級生、同窓生、同僚、もうわたしの周りには誰一人いない。遠ざかり、そして遠ざけてきた結果である。一人。十分である。その交友の中で、わたしの中のねじ曲がった結び目が少しずつ解《ほど》け始めている。

その友人を介し、テニスというスポーツにも出会った。その上達は亀の歩みほどだが、60歳を過ぎてはじめてスポーツに夢中になっている。大声を出さなくていい。叱責されなくていい。スポーツは排除の道具ではなく、楽しさと健康をもたらしてくれるものだったのだ。

最後に自らの苦い経験から、切に願うことがある。自分の本当の声に耳を傾けた慎重な職業選択である。仕事からの逃避を重ねることは、苦労を上塗りしてしまう。わたしが「これくらいならなんとか耐えられる」「自分で多少ともやりがいを感じられる」、そして「屈辱を浴びない」。そんな職業に辿り着いたのは49歳であった。もちろん平穏が破られるときもなくはなかったが、職場に一人の部屋を持てた環境は大きく影響した。

しかし、もっと早くに自分と向き合うべきだったという悔いは消し難い。進路選択の大切な時期に、厭世と架空の世界に自分を泳がせていた。以後25年ほどの職場からの逃亡生活が始まることとなってしまった。「こんな時期に辞めるようじゃ、何やってもだめだ」ということばを、最初の退職時に何度も投げられた。その時は反発したものの、結果はその通りに進んでいった。職場を転々としながら、すぐに居心地の悪さに苛まれ、そして逃亡を企てた。だが、どこに行っても同じであった。屈辱的なことばに萎えるわたしは、貝のように身を閉じる。コミュニケーションの扉を閉ざしては、協働などありえない。わたしの弱さと甘えに塗れた障害は、思いのほか重かったのかもしれない。

「みんなと同じように就職しなければ……」「一流企業に……」「こども相手なら……」。そんな思いに駆られての選択は、どれも誤りであった。現実から目を背け、自分の願望である虚構との区別を見失うとき、まさしく彷徨が始まる。

苦痛が緩和し、そして退職した今、わたしは安穏を得つつある。しかし、これまでの人生より遥かに残された時間は少ない。だからこそ、あなたには伝えたい。すべてとはいかなくとも、自分にとって最大の苦痛だけでも排除できるような職種、職場は必ずあると思う。

ジェンダー、セクシュアリティといった問題は、そのすべての違和感や不快感を排除するのは容易ではないだろう。だが、男女という身体的性差から派生したジェンダーによる思い込みと抑圧には、ていねいに辛抱強く疑問符を投げていかなければならない。「誰かを苦しめていないか?」、弛《たゆ》まずそう問いかけていくことである。

SOGIESC, Sexual Orientation Gender Identity Expression Sexual Characteristics
性的な対象（好きになる相手）、生きようとしている性別、性別表現・性的特徴、これらの複雑な要素が絡まる中で、さまざまなカテゴリー化は時として無理であり、無意味となることもある。大切なのはこの呪縛から解かれること。おおらかに受け止めるべきものであるという認識である。逸脱と見なすことから、嫌悪や排除は生まれる。「平均仕様」に拘り続ける社会に、真の多様性は望めない。[*154]「他者に対して迷惑ではない」「その人を咎めることのできない」属性への嫌悪、差別、排除が消失するとき、そこに多様性を寛容する社会が生まれる。

その実現には時間がかかるであろう。ぎくしゃくしながら生きていかなければならない場面もあるかもしれない。そんなとき、誰にも邪魔されない、自分だけの空間で本来の自分を泳がしてあげることも大切になる。作家平野啓一郎の「分人」――一人の人間は「分けられない individual」な存在ではなく、複数に「分けられる dividual」な存在である――という考え方はときに苦しみを和らげてくれると思う。[*155]異なる顔のもう一人の自分の存在を認めてあげる「時」や「場」があってもいいだろう。

〈註〉
＊112 ミッシェル・メイソン他著／長野ひろ子監訳『日本人の「男らしさ」― サムライからオタクまで「男性性」の変遷を追う―』明石書店　2013年
＊113 前掲＊19
＊114 山中峯太郎著、河目悌二挿絵『星の生徒』秋元書房　1969年『少年倶楽部』1934年（昭和9年）1月号から12月号に連載された。
＊115 呉秀三「同性の愛」『婦人畵報』東京社 1920（大正9）年10月号 24頁。
＊116 同上 25頁
＊117 田中香涯執筆『變態性慾』1923（大正12）年 二月號 日本精神醫學會発行。復刻版『変態性慾』不二出

版 2022年

＊118 師岡康子『ヘイトスピーチとは何か』岩波新書 2013年

＊119 前掲＊1『いじめの政治学』 244頁

＊120 同上 243頁

＊121 前掲＊94 18頁

＊122 同上111頁

＊123 小谷野敦『友達がいないということ』ちくまプリマー新書 2011年

＊124 前掲＊2 297頁

＊125 はるな愛『素晴らしき、この人生』講談社 2009年。お笑い芸人であり、整体師でもある楽しんごは、テレビ番組でいじめの被害を語っている。

＊126 原題 *The Danish Girl* 2015年製作。世界初の性別適合手術を受けたリリー・エルベがモデルとなっている。監督トム・フーパー、主演エディ・レッドメイン。

＊127 前掲＊110

＊128 1986年2月1日、東京都中野区の区立富士見中学校二年生の鹿川裕史さんがいじめを苦に自殺を図った。

＊129 元東田中学校校長（現在、筆者と同じ学校運営協議会に所属）S先生に2018年9月8日に聞き取り。

＊130 朝日新聞 #with you 2019年8月20日

＊131 前掲＊1『いじめの政治学』 239頁

＊132『ソーシャルアクションラボ こどもをまもる「いじめ」編』https://socialaction.mainichi.jp/cards/1/58

＊133 Am J Psychiatry 2014; 171: 777

＊134 前掲 ＊132

＊135 前掲＊1『いじめのある世界に生きる君たちへ』31頁
＊136 尹雄大『さよなら、男社会』亜紀書房 2020年 14頁
＊137 前掲＊35 63頁
＊138 前掲＊107 15頁
＊139 同上 24-25頁
＊140 https://diamond.jp/articles/-/181288
＊141 前掲12
＊142 前掲＊1『いじめの政治学』257頁
＊143 前掲＊1『いじめのある世界に生きる君たちへ』92頁
＊144 香山リカ『「いじめ」や「差別」をなくすためにできること』ちくまプリマー新書 2017年
＊145 派手なメイクと「女装」でステージで踊ったり、リップシンク（口パク）をしたりするパフォーマー。
＊146 森脇健介「高等教育とジェンダーをめぐる今後の課題 ― 国際シンポジウムでの議論を踏まえて」村田晶子他編著『なぜジェンダー教育を大学でおこなうのか：日本と海外の比較から考える』青弓社 2017年 190頁
＊147 小澤竹俊『折れない心を育てる いのちの授業』KADOKAWA 2019年 106頁
＊148 和田慎市『いじめの正体　現場から提起する真のいじめ対策』共栄書房 2017年 62頁
＊149 岡部鈴『総務部長はトランスジェンダー　父として、女として』文藝春秋 2018年 152頁
＊150 同上 213頁
＊151 2016年、テレビ朝日系で放映された男性同士の恋愛を描いたドラマ。
＊152『俺のスカート、どこ行った?』2019年、日本テレビ系で放映されたゲイであり女装家である教師を主人公としたドラマ。

＊153 デラルド・ウィン・スー著／マイクロアグレッション研究会訳『日常生活に埋め込まれたマイクロアグレッション 人種、ジェンダー、性的指向：マイノリティに向けられる無意識の差別』明石書店 2020年

＊154 朝日カルチャーセンター 朝カルオンライン講座 内海健「発達障害と天才達」2022年2月12日

＊155 平野啓一郎『私とは何か――「個人」から「分人」へ』講談社現代新書 2012年 62頁

# おわりに　願いをこめて

わたしの人生は虚像と実像の狭間に彷徨《さまよ》い、自己の否定と嫌悪の中にその終盤を迎えようとしていた。過去の自分の行動を悔やみ、頬をこの手で叩く。痛みに事実が消えることはない。遠い時を隔てた他者の言動への恨みが、幾度となく押し寄せる。そして夜の闇が訪れると、日々不眠と悪夢に追いかけられてきた。

そして悔恨、怨恨に疲弊していたわたしは、ついに心療内科を訪れた。下された診断はＡＳＤ（自閉症スペクトラム症）という発達障害であった。「意外」と「納得」が交差した。その要因が遺伝的なものであるのか、生育環境によるものなのか。それは不明である。ただ、わたしは気持ちが少し楽になったように感じた。自身の我儘、臆病、感情制御と状況判断能力の欠如、そして幼児性から抜け出せないことを、これまですべて自分の性格的問題に帰し、自己嫌悪と後悔に苛まれ、挙句はそれらを他者への恨みへと転化するだけであった。「障害」に、責任を押し付けるつもりではない。これまでの自分の不可解で未熟な言動の理由を知りえたある種の安堵であろう。その障害の特徴と対処への知見を深めていく中で、具体的な処方を自分なりに考えていった。

他者との深い関わりは回避する。笑顔の挨拶と丁寧なお礼のことばだけを心がけることにした。それであれば、なんとかわたしにも可能な範囲だ。会話も親交も要らない。周囲への敵視が微笑に変わるとき、対人関係のトラブルやストレスの軽減をもたらすことに疑問はない。

さらに、わたしはジェンダーの二分から逸脱していることへの罪悪感を捨てた。問題の所在はこの二分であり、なんら「逸脱」ではないのだ。女性的ではなく、わたしは「柔和な」容貌と性格を備えているひとであるのだ。好奇や軽蔑の目を向ける人間は視界から消せばいい。そして直接的に侮辱や暴力を向けてきたら、もはやサンドバッグとはならず、きちんと抵抗しよう。

ジェンダーの枠組みに捉われた思い込みを一つずつ、柔軟な思考を持って粘り強く剥がしていく。そうした試みの一つとして、このエッセイもささやかではあっても貢献できることを願う。その向こうに不当な差別、人間としての尊厳を奪われるような侮辱、排除の消えた真の多様性を認める社会の構築を期待して止まない。

**〈最後の場面〉**

いずみさん（仮名）。いつも物静かで、けっして他人《ひと》の悪口も言わず、まじめな人だった。

守山先生を囲んだクラス会に、顔を出してくれた。美しく笑顔の素敵な大人へと成長していた。

小学校低学年のころ、ＰＴＡ役員の母親たちの集まりがあった。そのこどもたちは、外で遊ぶことに。

女の子は一人、いずみさん。容姿を揶揄するようなことばを浴びせ、男の子たちが走り去る。「走れない」。立ち止まり、振り返るわたしの目に、涙をこらえ、歯を食いしばる顔が見えた。

傷つけられても、傷つけない人。

かつて住んでいたわたしの家の裏には、公園が西北に延び、西日が誰にもじゃまされずにたおやかに直線を描いて入って来たものだ。西の窓から差し込む夕日はあったかだ。あの温もりのやさしさを持つ人でありたい。

杉並にて

# あとがき

「だめな」「変な」「困った」「避けたい」「気色悪い」――わたしの前に置かれてきた形容詞だ。そんなわたしが最後に綴るのは、見放さずに支えてくだった方々への感謝以外にはないだろう。

本書を手に取り、初老の著者の振り絞った声に耳を傾けてくださった方々へ
拙い書から、少しでもメッセージを受け止めて頂けたなら、感謝に堪えません。
――「ありがとうございます。」

参考にさせて頂いた先行研究をされた方々へ
多くを学び、そして本書にて引用もさせて頂きました。とくにいじめに関する深い考察を提示してくださった中井久夫氏、そして「精査の上で説得力を持って自論を発信する」というスタイルを見せてくださった堀越英美氏に、深い敬意と感謝を表します。
――「ありがとうございます。そして今後の研究・ご著書を期待しております。」

本書を執筆中に、中井久夫氏の訃報に接しました。「読んで頂きたかった……。」ご冥福をお祈り申し上げます。

ジェンダー研究者の方々へ

ジェンダー研究に関わる大学での特別講師、非常勤講師、学会・研究会あるいは学会誌での発表のチャンスを提供して頂きました。中でも、横浜国立大学名誉教授加藤千香子氏、早稲田大学教授豊田真穂氏、立教大学教授松原宏之氏にはいつも心にかけて頂き、辛抱強く助言をしてくださいました。加藤先生には本書の解説も書いて頂きました。

――「長い間、ありがとうございました。そのやさしさを決して忘れません。」

フリーランス編集者内田光雄氏へ

丁寧な校閲と校正、そしてアドバイスがなかったら、出版のレベルには達しませんでした。

――「ありがとうございました。」

友へ

書き進めるごとに、読んでは率直な意見を言ってくれました。一般の読者の読み方を知る上で、とても参考になりました。

――「ありがとう。」

家族へ

――「いっぱいごめんなさい。たくさんありがとう。」

冬の蒼穹《そうきゅう》が教えてくれる。「今」、わたしは幸福の中にあることを。テニスラケットの快音と汗が放つ爽快、静寂と墨の香に溶け込む揮毫の平穏、大学の教壇に立つわたしに差し込む眩しいほどの若い光。そして幼き孫の笑顔、親しき友と交わすグラスは、わたしを和みの中に包む。こうした温色のひときが、碧空《へきくう》から追い立てられていく巻雲《けんうん》の如くに、悔恨と屈辱を次々と払拭していく。残るのは、縁遠かった「幸」である。

# 解説　「壊された少年」のジェンダー史

加藤千香子

本書は、内田雅克さんが自分自身の生い立ちや少年時代と向きあい、傷あとをえぐるような痛みをともないながら渾身の力をふりしぼって書いた自分史です。内田さんが少年時代を対象化していくまなざしは、1960年代という戦後日本の輝かしい時代の記憶を暗転させ、隠されたり忘却されたりしてきたことがらを闇の中に浮かび上がらせます。

この本の特徴は、サブタイトルにある「ジェンダー史」として書かれている点にあります。ここでは、ジェンダー史研究者としての内田さんの研究の経緯や視点、問題提起の意義などについて書いておきたいと思います。

## 「男らしさ」を問うジェンダー史

都内の高等学校に勤務する現職教員で、すでに東京大学総合文化研究科言語情報科学専攻で修士号を取得し、テキストや参考書なども出されていた内田さんが、横浜国立大学の大学院教育学研究科に入学されたのは、２００４年春でした。私の研究室に来られた内田さんは、ジェンダー論を学ぶために大学院修士課程に再度入学したと言われ、男子校の教員として男子に偏重した学校空間のもつ問題を考えたいと話されたことも記憶しています。

当時は、ちょうど歴史研究の分野でも、ジェンダーの視点からの歴史―「ジェンダー史」の気運が高まりをみせ、私も新しい研究への意欲をかき立てられていた時でした。１９８０年代から日本の学術界で使われるようになった「ジェンダー」概念は、「性」を構築されたものととらえ、「女らしさ」「男らしさ」の規範を問い直す視点を提起しました。歴史分野で動きが起ったのは90年代で、「ジェンダー史学会」が設立されたのは２００４年のことです。高校での勤務を終えて研究室に来られた内田さんと一緒に、出版されたばかりの文庫版のＪ・Ｗ・スコット『増補新版　ジェンダーと歴史学』（平凡社ライブラリー、２００４年）を読んだゼミは、要所を衝く内田さんの質問に頭を絞ることとなり、私にとってもジェンダー史の理解を深める貴重な時間となりました。

社会のメインストリームから外れた女性を対象とする女性史に対し、ジェンダー史は、マジョリティの位置にある「男性」をも分析対象にします。「男らしさ」「男性性」を問題とする男性学やメンズ・リブの運動はそれまでにもありましたが、男性史／男性性の歴史研究が新たに注目されるようになったのは、２０００年代に入る頃からでした。関東学院大の細谷実氏を代表とする近代日本男性史研究会が発足し、私が加わったのもこの頃です。男性性の歴史は、称賛の表現とされてきた「男らしさ」が本質的に男性に備わるとする見方を退け、歴史的な構築過程に注目するなかで暴力や戦争との関わりの検証にも向かいます。内田さんは、自身が抱いてきた問題意識を研ぎ澄ましながら、こうした「男らしさ」／男性性を問題とするジェンダー史研究に着手していきます。

修士課程を修了した内田さんは東京学芸大学大学院教育学研究科博士課程に進学し、また同時に大学勤務となり、教授職に就きながら、2009年9月に博士号を取得されました。2010年には、学位論文をもとにした最初の著書『大日本帝国の「少年」と「男性性」—少年少女雑誌に見る「ウィークネス・フォビア」』（明石書店、2010年）の刊行に至っています。同書は、歴史研究者から高い評価を受け、2012年には女性史学賞（2005年に女性史研究者・脇田晴子が創設）を受賞することになりました。

## ウィークネス・フォビア／エフェミナシー・フォビアという問題提起

『大日本帝国の「少年」と「男性性」』は、ジェンダー史の方法によって、「少年」というカテゴリーに注目して、近代日本の「男らしさ」の構築と変容を検証した歴史研究書です。そこで提起されたのは、「ウィークネス・フォビア（weakness phobia）」という概念で、「『弱』に対する嫌悪と、『弱』と判定されてはならないという強迫観念」と定義された内田さんの造語です。内田さんは、これを「男らしさ」を議論の俎上に載せる際に不可欠な要素であるとしますが、この概念の提起は、実証的な歴史研究書として高く評価される同書をさらにユニークにしたといえます。この発想の原点に、学校の中で男性性に起因するイジメに遭う生徒との出会いによって想起された内田さん自身の「少年」時代の記憶があったことは、同書のあとがきでも触れられていますが、その内容は、13年後の本書であらためて語られることになったのです。

その後、内田さんは「ウィークネス・フォビア」から、ホモ・フォビア（同性愛嫌悪）を含め、よりジェンダーの問題性を鮮明にするため、「女っぽさ」を示す「エフェミナシー」を使い「エフェミナシー・フォビア（effeminacy phobia）」という概念の提起に及びます（「エフェミナシー・フォビア―誰が『非男』とされたのか」『歴史学研究 増刊号』924号、2014年10月）。今回の本はこの視点に立って書かれています。

内田さんは本書で、「ジェンダー」を「男女の色分けによって、序列、抑圧、排除を生む装置」（序章15頁）と定義します。「序列、抑圧、排除」という問題性に焦点をあてたこの定義は、内田さん自身の経験から生まれた発想にほかなりません。内田さんは少年時代に受けた「排除と屈辱」の経験をふり返りながら、なぜ「女っぽい」とみなされるだけで、激しい嫌悪のはけ口とされてしまうのか、なぜ排除の対象とされてしまうのか、幾度となく問いかけます。男性集団のなかで使われてきた相手を貶めるための表現が、「女の腐った奴」「女々しい奴」であることの意味を考察します。そして、それを解くカギこそが「ジェンダー」だと見抜いたのです。自分に向けられたのは、「ジェンダーからの逸脱」に対する排撃であったと。

男―女の二分法に基づくジェンダーにおいては、覇権的ジェンダーである男性集団では、「男」が「男」であることの存在証明をするための「女」を必要とします。しかし、「女」でなく、しかも「男」にも入らない「女っぽい男」（女性的男子）には、どのような場が与えられるでしょう。それは、「男」を不安に陥れ「男」集団を乱す存在でしかありません。「女っぽい男」は、ジェンダーが生みだす序列において男―女のさらにその下の位置におかれることになるのです。

従来のジェンダー史で主眼とされたのは、男性ジェンダーと女性ジェンダーの2つのカテゴリーの構築過程と両者の非対称性と支配―被支配関係でした。それに対して、男性性の歴史研究は、覇権的ジェンダーである男性性の成り立ちを問い、男性集団のホモ・ソーシャルな関係性がミソジニーとホモ・フォビアによって成り立っていることを明らかにしていきます。内田さんの研究は、そうした研究をふまえながら、さらに男性ジェンダーや男性集団がはらむ内部の問題性の追究に向かい、そこに潜むジェンダーの逸脱への嫌悪という問題を浮かび上がらせるものとなっています。この点に、内田さんの視点の独自性・画期性があるといえます。

## 戦後の暴力性とジェンダー

内田さんの少年時代の経験にもとづく自分史であるこの本が浮かび上がらせるのは、1960年代のいわゆる高度経済成長と呼ばれる時代の日本社会の影です。日本が豊かさを求めて邁進し成功する物語として語られる時代ですが、内田さんは、当時の学校、スポーツ、雑誌・テレビ、地域社会、家族を対象に据えながら、そこに確かに存在していたジェンダーに起因する問題や暴力性を明るみに出し告発していきます。その記述にノスタルジーは一切ありません。

戦後民主主義教育の場であるはずの学校には、戦前の軍国主義をひきずり権威をまとう教師がおり、共学でありながら男女の区分が明確にされる学級や体育の授業、給食での厳格な指導があったことが書かれます。学級という場でつくられる少年間の序列。内田さんの排除と屈辱の経験がそこから始まったのです。

その時代、人々―主に男性を熱狂させたスポーツも、ジェンダー史の視点でとらえ直されます。男性性復活の意図が込められた野球には、ウィークネス・フォビアが刷り込まれます。学校の体育や部活動での男子のスポーツが、競争と「男らしさ」にまみれながら、男子の序列化装置の要となったことが明らかにされます。

少年雑誌でつくられるホモ・ソーシャルな空間では、「根性」「忍耐」、滅私奉公を促すメッセージが発信されます。ブラウン管には性を超越する芸能人も登場するようになりますが、それをマトモではない異次元のモノと蔑視する社会の視線は存在していました。

農村から住宅地へと急速に変容していく地域社会と家族の姿も描かれます。思い起こされることのなかった「朝鮮部落」と「屑屋長屋」の記憶。内田さんの家族とは大きく生活スタイルが異なる、新しく建てられた阿佐ヶ谷住宅の大卒ホワイトカラーの家庭像。教育熱の高まり。勉強していい学校に入ることが、親・子のコンプレックスから這い上がる道になったといいます。

高度経済成長の時代を「家族の戦後体制」というキーワードで論じた落合恵美子は、「女性は主婦で、子どもの数は二人か三人。わたしたちが『ああ、これが家族なんだな』と思い浮かべるような家族の時代」としながら、「すべての男女に、画一的なライフコースを歩み、画一的な家族を強要することでもありました」と述べています（落合恵美子『21世紀家族へ──家族の戦後体制の見かた・超えかた〔第4版〕』有斐閣選書、2022年）。「画一的なライフコース」は、画一的な住まいや生活様式と結びつきながら、女は主婦、男は企業社会の担い手にというジェンダーの強い縛りを要請します。学校教育では、内田さんが指摘したように、女子のみの家庭科が設定される一方、女子より高いハードルが設けられる男子の体育、きびしいトレーニングが課される野球やサッカーなどの部活が奨励されていきます。高度経済成長期は、その時代に育つ子どもたちを画一的に管理し、「女らしさ」「男らしさ」を植えつけ、ウィークネス・フォビアをはらむ男社会を再びつくりあげていく時代でもあったのです。そして、そこには、逸脱とみなす者に対して向けられる大変厳しいまなざしがありました。

こうした画一的なライフコースの強要が、当時の子どもに大きなプレッシャーとなっていたことは確かでしょう。私は、内田さんと同じ1957年生まれですが、以前参加した「戦後史再考」をテーマとする研究会で出された「私にとっての戦後史」とは？という問いに、次のように答えていました。「『みんなの時代』─子ども時代に東京オリンピックや大阪万博に接し『未来都市』のビジョンにあこがれて育った世代。行動や価値観の指標とされたのは『みんな』、それにあわせるのに必死だった。民主主義的色づけのなされた全体主義社会」（西川長夫・大野光明・番匠健一編著『戦後史再考─「歴史の裂け目」をとらえる』平凡社、2014年）。「みんな」はジェンダーによって区別され、その中で序列があり、覇権的な男性ジェンダーの中では、弱いものを押さえつけ排除する暴力が潜んでいました。そこで内田さんは排除と屈辱の苛酷な経験をすることになったのですが、一方でその時代の私も、「みんな」から排除されることを何より恐れ、逸脱者とみなされないために必死になっていたのです。

さて、現在はちょうど高度経済成長期という「戦後体制」のただ中に生きた者が現役を退く時期にきています。「戦後」が終りを告げようとしている時期にも重なります。今、その時代に育った者として、かつての時代の光を懐かしむのではなく、「戦後」社会の影から目を反らさず、自らの記憶をたどりながら、そこに内包されていたジェンダーに由来する歪や抑圧、暴力に検証の目を向けていくことは、次の時代─内田さんの言葉では「多様性と寛容を備えた社会」─を構想していくうえで欠かせません。内田さんの自分史が、そのための一石になることは間違いないでしょう。

［著者略歴］
内田雅克
専門はジェンダー史。大学教授を退職後、現在は大学兼任講師。著書に『大日本帝国の「少年」と「男性性」― 少年少女雑誌に見る「ウィークネス・フォビア」』（明石書店 2010年）など。翻訳に『日本人の「男らしさ」― サムライからオタクまで「男性性」の変遷を追う ―』（共訳）（明石書店 2013年）などがある。

［解説者略歴］
加藤千香子
横浜国立大学名誉教授。専門は日本近現代史、ジェンダー史。

校閲・校正　内田光雄
カバー絵　　市川江真
装幀　　　　澤口　環

**壊された少年**　排除と屈辱のジェンダー史

2023年7月22日　第1刷発行　（定価はカバーに表示してあります）

著　者　　内田　雅克

発行者　　山口　　章

発行所　名古屋市中区大須 1-16-29　振替 00880-5-5616 電話 052-218-7808　http://www.fubaisha.com/　風媒社

＊印刷・製本／モリモト印刷　乱丁本・落丁本はお取り替えいたします。

ISBN978-4-8331-3190-2